COLECCIÓN
MÍNIMA

65

EL PODER DUAL
EN
AMÉRICA LATINA

con un prefacio
sobre los acontecimientos chilenos

por

RENÉ ZAVALETA MERCADO

XXI
siglo
veintiuno
editores

méxico
españa
argentina

XXI

siglo veintiuno editores, sa
GABRIEL MANCERA 65, MÉXICO 12, D F

siglo veintiuno de españa editores, sa
EMILIO RUBÍN 7, MADRID 33 , ESPAÑA

siglo veintiuno argentina editores, sa
Av CÓRDOBA 2064 , BUENOS AIRES ,ARGENTINA

edición al cuidado del autor
portada de richard harte

primera edición, 1974
© siglo xxi editores, s. a.

ÍNDICE

Servimos en el marxismo a la realidad, es decir, al
mundo objetivo, a las clases sociales y su conjunto
material, a la escala de su desarrollo y al momento de su desarrollo. El estudio de las condiciones
objetivas del momento presente es, por cierto, algo
que caracteriza a una correcta política marxista. Es
verdad, sin embargo, que no se sirve de un modo
adecuado a la realidad sino cuando se la transforma. No hay otro modo de conocerla. Es la realidad
misma, por lo demás, la que nos convoca y nos habilita para ese acto de reconstrucción. Ella produce
la conciencia en los hombres cuando su voluntad
interna quiere que los hombres vuelvan sobre ella
y la cambien.

El marxismo, como tuvo Lenin ocasión de recor-
darlo, analiza situaciones concretas. Los temas, dentro de tal hábito doctrinal, han de ser dados por la
realidad y es la realidad también la que debe dar-
nos el camino a seguir, los métodos con los cuales
interpretar y con los cuales luchar, así como nos
alecciona acerca de las formas del fracaso y nos da
las formas de la victoria. Una táctica por tanto, si
bien es a la vez una síntesis de toda una historia
y de todo un pensamiento anteriores, es a la vez
un hecho emergente y no puede evitar un grado de
improvisación, porque depende de una situación que,
como universalidad de datos disímiles en apariencia, no podría ser pensada con antelación.

En ese sentido, el presente trabajo aspira a ser
considerado como lo que es, es decir, como una con-

tribución a la organización de la conciencia de la clase obrera en Bolivia. Es un ensayo, por lo demás, acerca de un momento en la historia de esa clase y, de hecho, es un libro escrito para los obreros de Bolivia, incluso en los capítulos en los que se refiere a la experiencia chilena. El *status* de poder consiguiente a la insurrección de abril de 1952 y la gloriosa historia de la Asamblea Popular en 1971, así como los hechos chilenos posteriores al triunfo de Allende en 1970 son analizados aquí a la luz de la teoría del poder dual elaborada por Lenin y Trotski en torno a la experiencia rusa.

La de Bolivia, como lo sabe cualquier observador de la vida política de estos países, es una clase obrera en extremo brillante, quizá como ninguna en este continente. Toda la historia de nuestras vidas ha resultado cambiada por la presencia de este sujeto extraordinario y casi inexplicable de la historia de Bolivia. Una clase rica produce problemas con riqueza teórica y, por eso, la cuestión de la dualidad de poderes es tan atractiva cuando se la sigue alrededor de los sucesos de Bolivia en 1952 y 1971. La plétora de vida debe conducir a la expansión de la vida y es fácil comprender por tanto que el destino de esta clase es el intentar la captura de un poder que ya se ha replegado, de inconfundible manera, a su zona de emergencia, que es el ejército. El tratamiento de estas experiencias estatales de la clase obrera boliviana está pues lejos de tener el carácter de una memoria histórica o de un escolio académico.

En Bolivia, la clase obrera utilizó con éxito una característica de la realidad que era la debilidad estructural del aparato del Estado, la débil articulación del sistema estatal, su falta de instalación precisa en el tiempo. Es una clase que creció a expensas del poder estatal de sus enemigos, aunque todavía, si así puede decirse, sin vencerse a sí misma, o sea, sin pasar de su formidable fuerza espontánea a su organización como partido proletario. Se puede ser poderoso, en efecto, aunque todavía no se haya construido una conciencia y así, en 1952, por ejemplo, aunque como decía Marx el proletariado "no tenía aún intereses separados de los de la burguesía", sin embargo se constituyó en la fuerza motora de todo el acontecimiento democrático burgués.

La debilidad o inestructuración que enseña el Estado boliviano en la constitución del orden interno de sus factores, aun después de eso que llamamos el Estado del 52, permite como contraste la existencia fundamental de aquella clase que es portadora de un reto estratégico. Los obreros pudieron organizarse de un modo precoz como poder estatal embrionario porque el Estado oficial no era capaz de organizar una opresión eficiente. Pero tanto el Estado aquel como la clase obrera son hijos de la historia. La historia de la clase obrera consiste en Bolivia en que se constituyó en clase contra el poder, se organizó contra el poder y sólo por instantes o atisbos no estuvo contra el poder. En eso, precisamente, estaba haciendo el aprendizaje de su propio Estado.

La realidad siguió allá un curso opuesto al de Chile. En Chile, país en el que el Estado existió con características más definidas que en cualquiera otro del área, se dio un mecanismo estatal más desarrollado que la propia base económica a la que debía corresponder, un Estado democráticamente avanzado. La alianza política que sustenta al régi-

9

men de Allende intenta ahora explotar en su be·
neficio este dato esencial de la historia de Chile,
que es la hipertrofia de su aparato estatal, de un
modo que resulta parecido, paradójicamente, a la ex·
plotación de la debilidad del Estado que hizo la clase obrera boliviana en 1971. En ambos casos, en
efecto, no se hace otra cosa que acatar tendencias
proporcionadas o sugeridas por la realidad social. En
Chile, se tiene el caso del Estado más desarrollado
del continente que, en el cumplimiento de su propio
rito democrático, se ve obligado a aceptar la presen·
cia interior de clases que en último análisis son aje·
nas a los intereses de su poder.

La represión sufrida por el pueblo boliviano des·
pués del triunfo de Bánzer en agosto de 1971 esca··
samente tiène algún término para la comparación en
las experiencias de la América Latina. Algunos arre··
pentidos bruscos se dieron a deducir de la atrocidad
de la derrota que la Asamblea Popular no debió
haber existido jamás, que el proletariado debió ha··
berse concentrado en la defensa de Torres y no en
la organización de su propio poder. Esto empero,
como diría Cervantes, es una prevaricación del buen
razonamiento. Es más o menos normal que la me··
lancolía exista en algún sitio del corazón de los ven-
cidos, pero el corazón no piensa bien, melancólico
o no. Tanto su intento estatal como su derrota estaban dentro de la estructura histórica del movimiento obrero y no fuera de ella. Pero lo que se aprende de un escrutinio detallado de los hechos es, en
cambio, que sin partido obrero la clase obrera no
puede vencer. Aunque Torres hubiera repartido armas, ellas no habrían podido ser utilizadas con una
eficacia sostenida, que sólo podía darles el partido
como columna vertebral del movimiento proletario

10

y como portador de su estrategia. Así, ésta, la del partido proletario, será una preocupación reiterativa a lo largo de estas páginas. La devastación resultante de la ausencia de dicho partido obrero hegemónico es muy evidente. Pero no está tan claro cuál será el margen de existencia para partidos en el sentido europeo en una situación en la que la democracia burguesa no ha existido sino por exabruptos y de un modo preliminar, confuso y catastrófico. A todos los que en París se sintieron tentados por la seducción de la fuerza espontánea de las masas conviene mostrarles cuál fue el destino de infortunio que vivieron las masas como consecuencia de una tradición espontaneísta.

Con todo (y por ello mismo quizá), la Asamblea Popular no fue invención de nadie ni fue la obra de embelecadores y quimeristas. Si la clase obrera no hubiera contenido en su seno esta experiencia, no la habría asumido cuando ocurrió objetivamente. Habría sido interesante en cambio ver el apuro en que se habría puesto un dirigente cualquiera si se veía en el caso de decir a los obreros que la Asamblea no debía existir. Una adquisición de este tipo debe estar contenida en los niveles de conciencia logrados por la clase. La Asamblea Popular, por esa razón, salió del fondo de la historia del movimiento obrero boliviano.

En cuanto a la vía optada por el movimiento popular en Chile, ella es, sin duda, resultado de un análisis certero del poder estatal en Chile tal como es. Es una vía que, además, se mueve en el interior de la masa obrera, en los términos que ella tiene en el Chile de hoy. Si el proletariado en Chile hubiera tendido a otro esquema, habría rebasado los límites de esa vía. Resulta claro en cambio que,

11

cuando los obreros de Chile piensan en el, poder, piensan en un poder del carácter del actual. Aunque la Asamblea Popular expresaba tan interesantes tendencias de la clase obrera boliviana, no por eso era la garantía de su propio éxito. Tampoco el que la dirección chilena haya adoptado métodos y formas correspondientes al tipo de poder de su país y el carácter actual de sus masas elimina los obstáculos históricos que se le presentan. Pero el conocimiento de la estructura del poder es ya un paso muy grande hacia la adquisición de una táctica correcta.

A diferencia de lo que ocurría en Bolivia durante el gobierno del general Torres, en el Chile actual no hay sino dos fuerzas reales en controversia, y entre ellas dos se debe optar. Pero aquella "tercera opción", aunque incompleta, existía ya de un modo poderoso en Bolivia.

Santiago, diciembre de 1972

El autor desea manifestar su agradecimiento a sus compañeros de trabajo de St. Anthony's College de Oxford, Oficina de Planificación de la Presidencia (ODEPLAN) de Chile, del Centro de Estudios de la Realidad Nacional (CEREN) de la Universidad Católica de Chile y de la Facultad de Ciencias Políticas de la Universidad de México.

Primera parte

TEORÍA GENERAL DE LA DUALIDAD DE PODERES

Dentro de la amplia gama de "enseñanzas de la revolución" que emergen de la vida de las masas rusas en 1917, la cuestión de la dualidad de poderes es quizá una de las más enjundiosas en lo que se refiere a la construcción permanente de la teoría marxista del Estado. Se trata de una contribución directa y original. En efecto, mientras la teoría de la dictadura del proletariado, es decir, de la construcción del Estado proletario se funda en la elaboración teórica de las experiencias de la Comuna de París (y también, pero en segundo término, de los hechos rusos de 1905), la cuestión de la dualidad de poderes debe ser trabajada en lo teórico con la urgencia que resultaba de la proximidad en el tiempo o entrecruzamiento entre la revolución burguesa y la revolución socialista, en el mismo año de 1917. Esta proximidad, como lo reconoció Lenin, era un hecho imprevisible y, por tanto, los marxistas rusos debieron trabajar en torno a una sorpresa histórica.

Como ocurrió hace algunos años con el problema de los modos de producción y las formaciones sociales, el tema de la dualidad de poderes es ahora objeto de una importante discusión en el seno del marxismo latinoamericano. Eso no es una casualidad. Algunos pragmatistas puros piensan que la proposición de tal asunto es más o menos una discusión acerca del sexo de los ángeles, un lujo a deshonra, y que debería utilizarse mejor el tiempo escribiendo, por ejemplo, sobre ciertos temas técnicos más precisos acerca de la táctica. Con todo, si se considera que en estos países se da el caso de que en casi todos ellos hay una gran cantidad de problemas burgueses, nacionales y agrarios no resueltos, y si se tiene en cuenta a la vez que los intentos de resolver tales cuestiones burguesas desde un poder igualmente burgués y con métodos burgueses han fracasado hasta ahora en todos los casos, se verá que la proximidad entre los dos tipos de revoluciones no es por ninguna razón una imposibilidad en la América Latina.[1] Tampoco su entrecruzamiento o imbricación, por consiguiente.

Una táctica, para qué decirlo, depende del carácter de la revolución a la que sirve. Éste es el motivo por el que quien quiera considerarla como un tema

[1] Son experiencias que han concluido siempre en la pérdida del poder o en la inconclusión de sus tareas. La presión de las masas en torno a esos objetivos es vasta y de ahí proviene la abundancia de movimientos burgueses de todo matiz. A lo largo del tiempo, se produce sin duda una suerte de acumulación vegetativa a través de la cual estos países tratan de cumplir gradualmente esas tareas. El fracaso histórico del modelo de la revolución burguesa conducida por la burguesía o por sus remplazos proviene en cambio de que jamás realiza una tarea nuclear que corresponde, por lo menos en teoría, a la revolución burguesa: la soberanía. Eso es consecuencia de la presencia del imperialismo. Ninguna revolución burguesa ni proceso burgués alguno ha logrado en el continente romper con la dependencia. La fase más alta del capitalismo, que es el desarrollo de la revolución burguesa en el país central, impide una existencia a plenitud de la revolución burguesa en los países marginales.

16

en sí, como una isla autónoma, acabará por plantear una praxis que se clausura a sí misma. Al fin y al cabo, la eficacia de una táctica depende del lugar al que ella conduce. Por otra parte, ha de decirse que, si bien no todas las situaciones ofrecen la posibilidad de ser previstas (como lo demuestra la propia dualidad de poderes en Rusia) pero, en cambio, disponemos ya de una evidencia preliminar: han existido en este continente varias situaciones homólogas o vecinas de la dualidad de poderes en Rusia de tal suerte que la deliberación del asunto es sencillamente inevitable.

Movimientos democrático-burgueses de amplio espectro han existido y existirán en la América Latina porque existen problemas burgueses no resueltos. Ellos no sólo han existido sino que en algunos casos han conquistado el poder y, no obstante, no han resuelto las propias cuestiones que los motivaban.

Los sectores avanzados de las masas latinoamericanas hacen recuento de esas experiencias y, enfrentándose con burguesías que en muchos casos son extremadamente débiles,[2] tratarán de transformar las movilizaciones democráticas en revoluciones socialistas. Al tránsito entre una cosa y la otra es

2 Si una burguesía empresarial, en el sentido europeo occidental, ha existido realmente en la América Latina, es algo que puede cuestionarse desde el principio. Como punto de partida, esta clase, en la medida en que llegó a existir, tuvo que hacerlo con referencia al mercado mundial y no como resultado del crecimiento endógeno de su economía nacional. Por consiguiente, existió solamente en el grado en que su existencia era admitida o requerida por el mercado central al que debía referirse. Los intentos tardíos por reencaminar su proyección hacia adentro se han visto frustrados aun en países con tan

17

a lo que se ha venido a llamar dualidad de poderes (aunque después veremos por qué debe restrin-
girse el término) y, por eso, debemos estudiar este
problema con cierta morosidad.

EL PODER DUAL COMO METÁFORA DE LA REALIDAD

Según Trotski, "un fenómeno no estudiado suficientemente".[3] Por consiguiente, resulta imposible una
exposición escolástica del mismo. Como en tantos
otros campos (como la transición al socialismo), se
necesita descifrar algunos textos, hacer exégesis, se-
guirlos con humildad en unos casos o ampliarlos
al máximo, discriminar por cuenta propia las consecuencias, porque ellas se referirán ya a la práctica, es decir, a la realidad concreta, al sitio en el
que uno no puede equivocarse sin pagar un elevado
precio. Se trata, a decir verdad, no sólo de una
situación anómala, de un episodio fundamental en
la desorganización del Estado opresor, sino también
de una designación anómala. Es una metáfora marxista que designa un especial tipo de contradicción
estatal o coyuntura estatal de transición (después
vamos a ver a qué nivel).

ventajosas posibilidades para un desarrollo capitalista
como la Argentina.
    La facilidad con que fueron arrasadas las oligarquías
mexicana o peruana o boliviana prueban la semiexistencia a artificialidad existencial de esas clases. Para no hablar del desmoronamiento en la "burguesía" cubana que,
sin embargo, pertenecía a un país relativamente rico de
la América Latina.
    [3] Cf. L. Trotski, *Historia de la Revolución rusa,* Ed.
Quimantú, Santiago, Chile, 1972.

La idea de la unidad del poder es connatural al Estado moderno, aunque eso no significa que lo sea siempre la concentración del poder en un órgano único. Al concepto histórico de la unidad del poder corresponden las nociones de soberanía, de irresistibilidad del poder legítimo, si bien, en rigor, legítimo es todo poder que puede imponerse merced a su propio movimiento. La propia independencia o autonomía del Estado es una noción hija de la unidad. *No hay autonomía donde no hay unidad.* Weber habló por eso del monopolio en el uso de la fuerza legítima como el carácter principal del Estado moderno. En un ciclo que es conocido, la desconcentración en cambio corresponde a tipos precedentes de Estado, a formas anteriores, especialmente al período del feudalismo. La construcción de los Estados nacionales, tal como los conocemos hoy, es el proceso de unificación del poder del Estado, en el ámbito material de alcance de la nación y creando a la vez el ámbito estatal nacional, misión elemental de la burguesía, que necesitaba organizar en todos los grados posibles su mercado interno. Pero esto ha ocurrido en Europa como un proceso en cierto modo natural,[4] no interrumpido desde

[4] Es algo que afecta también a la consideración del problema del poder dual. Cuando hablamos de polo burgués, por ejemplo, no nos referimos sólo a lo que pueda hacer la burguesía local en materia de política estatal. Tiene también su fase de refuerzo o su prolongación explicativa, su reserva, en el poder estatal de la nación imperialista dominante. La presencia política del imperialismo es incomparablemente mayor en la América Latina de hoy que en la Rusia de 1917. De otra manera ¿cómo habría podido, por ejemplo, la pequeña burguesía del MNR reconstruir su poder estatal si no era con el soporte que vino a darle el imperialismo?

fuera y por eso la cuestión nacional adquiere características tan diferentes en la época del imperialismo.

En todo caso, la dualidad de poderes es una anomalía o enfermedad que se presenta en el seno del poder del Estado[5] (y a veces también en el aparato del Estado) en circunstancias determinadas, que están debidamente circunscritas. Pero incluso hablar de "poder dual" o "doble poder" es incorrecto en último término; preferimos hablar de dualidad de poderes. Ello mismo, no obstante, a reserva de que no se lo tome sino como una metáfora, un signo trópico; usamos la designación como símbolo de situaciones que son más complejas que lo que pueden caber en una frase. Así parecería, en efecto (cuando se habla de poder dual o de doble poder), que el hecho se compone de un solo poder, clásicamente único, que tiene sin embargo dos caras. El poder dual, empero, no es un Jano y aquello es exactamente *lo que no es* la figura márxista del poder dual. Son, en cambio, dos poderes, dos tipos de Estado que se desarrollan de un modo coetáneo en el interior de los mismos elementos esen-

Tuvo que pagar por eso un elevado precio; su proyecto burgués ya nunca pudo ser autónomo, ya no pudo ser un proyecto burgués nacional.

[5] Entendiéndose, de acuerdo con la diferenciación hecha por Lenin principalmente, por poder del Estado la clase a la que finalmente sirve ese Estado, es decir, el contenido de clase del Estado. El aparato, en cambio, es la administración de ese poder, los medios que utiliza para existir históricamente. En este sentido, una clase puede tener el poder del Estado y otra distinta el aparato del Estado. Mientras más diferenciado y sofisticado sea un aparato estatal estas diferenciaciones son tanto más posibles.

ciales anteriores; su sola unidad es una contradicción o incompatibilidad (en su forma intensificada,
es decir, su antagonismo). La dualidad de poderes es un desarrollo esencialmente antagónico.

CONTEMPORANEIDAD CUALITATIVA DE FEBRERO Y OCTUBRE

En la exposición del asunto, la cuestión de las fe-
chas resulta sin duda importante. Dentro de la
lógica de la periodización conocida, los bolcheviques
esperaban que la revolución burguesa antecediera
en el tiempo a la revolución proletaria, por lo menos por un tiempo razonable, por lo menos para
que una y la otra dibujaran su propia fisonomía.
Pero si la revolución burguesa ocurría poderosamen-
te, la revolución proletaria habría ocurrido débil-
mente, se habría diferido quizá. En cambio, si la
revolución burguesa ocurría de un modo feble, la
revolución proletaria tenía la ocasión de ocurrir por
anticipado. Eran rivales y el tiempo de una era el
que le daba la otra. Una precocidad desordenada o
una inmadurez por anticipación inconsciente podía,
de otro lado, conducir entonces a que el poder de la
burguesía recuperara una fuerza que no había sabido
obtener por sí misma, un tiempo accesorio. Contaban
ellos (los bolcheviques) con la pobreza histórica de
la burguesía rusa pero, aún así, no estaba de ninguna manera previsto lo que ocurrió.[6]

6 Escribía Lenin: "Debemos saber cómo completar y
conseguir viejas fórmulas, por ejemplo, las del bolche-
vismo, pues si bien demostraron ser correctas en general, su relación concreta *resultó ser* diferente. *Nadie*
pensó previamente, ni podía pensar en un doble poder".

Se podría decir que, de algún modo, octubre sucedió al mismo tiempo que febrero o que dentro de febrero había ya un octubre destinado a suprimirlo, a disminuirlo hasta el punto que los de después pensarían que no había existido nunca. Cuando sucedía la revolución burguesa estaba ya sucediendo a la vez la revolución socialista. Por eso Lenin escribió que "nadie pensó previamente ni podía pensar en un doble poder".[7] Era, por cierto, un fruto puro de las circunstancias históricas de la sociedad rusa de 1917. La dualidad de poderes consiste en que lo que debía ocurrir sucesivamente ocurre sin embargo de una manera paralela, de un modo anormal; es la contemporaneidad cualitativa de lo anterior y lo posterior.[8]

MOMENTOS DEL CONOCIMIENTO HISTÓRICO

Este carácter imprevisible (que obedece al gran azar y no al pequeño azar de las cosas), que Lenin, a quien sin embargo la Revolución rusa le pertenecía

(Los subrayados son de Lenin.) Artículo de Pravda, El doble poder. (Obras completas, t. XXIV, Ed. Cartago, Buenos Aires, 1970.)

[7] También: "Las consignas y las ideas bolcheviques, en general, han sido confirmadas por la historia, pero concretamente las cosas sucedieron de un modo distinto: resultaron ser más originales, más peculiares, más variadas de lo que nadie podía haber esperado". Lenin, Cartas sobre táctica, en Obras completas, t. XXIV.

[8] La contemporaneidad cualitativa de hechos distantes en el tiempo o de un curso previsto como sucesivo pero ocurrido al mismo tiempo ha sido advertida muchas veces por los historiadores. Véase por ejemplo lo que dice Toynbee sobre Tucídides, en los ensayos publicados bajo el título La civilización puesta a prueba.

22

como un pedazo de su cuerpo, encuentra en la dualidad de poderes de 1917, se ensambla bien con su concepción general acerca del problema del poder, que es el punto en el que se incorpora lo aborigen en el mundo y el mundo en lo aborigen. La suya será por eso la teoría de la excepcionalidad del poder dual; pero Trotski planteará las cosas como si ningún proceso revolucionario pudiera suceder al margen de la existencia de alguna forma de dualidad de poderes.

Puesto que ambos son los expositores principales de la cuestión, se presenta otro aspecto en el que la situación cronológica resulta igualmente importante. Se sabe del rechazo, del desasosiego, la tensión, la impaciencia que provocan las tesis de Lenin a su retorno a Rusia, después de la revolución de febrero. Esas tesis para muchos no representaban más que las cartas de un ausente. La propia Conferencia del Partido Bolchevique estaba de acuerdo con apoyar críticamente al gobierno de Lvov y parece que Stalin, por ejemplo, concebía el poder dual sólo como una división de funciones entre los soviets y el gobierno provisional.

Por medio de un conjunto de tesis "extremistas", Lenin aparece sin embargo no postulando el poder total inmediato, sino describiendo (hacerse cargo de una situación objetiva es distinto de lanzar una consigna) la dualidad de poderes.[9] La propia consigna "todo el poder a los soviets" significa a la

---

[9] En algunos casos, sin embargo, se ha hablado de poder dual como consigna. Éste es el único sentido en que puede tener validez el enunciado de la figura hecho por el MLN (tupamaros) del Uruguay, por ejemplo. Obviamente, la acepción tiene en el caso un contenido diferente. Es una convocatoria.

vez que los soviets ya tenían algún poder aunque todavía no todo el poder. El principio del poder es una condición para la plenitud del poder; pero ha dejado atrás la fase en que era una potencia no comprobada, ahora es un acto inconcluso. Esta suerte de moderación de Lenin es científica: en el mismo momento en que lucha por que el partido emita las consignas más ardientes, se limita a la vez a un esbozo objetivo y apodíctico, considerando que la exactitud de la consigna depende del rigor del conocimiento del punto material de partida. Trotski, en lo que es un contraste, pensó que ya en ese momento existía de hecho una superioridad o mejor poder en el polo obrero, escribiendo *a posteriori,* varios años después, cuando el fenómeno ya había ocurrido hasta su conclusión. Esto obedece a las reglas de la determinación del momento del conocimiento de un proceso o acontecimiento. Puesto que los hombres suelen vivir experiencias idénticas con diversas conciencias y que las cosas se reconstruyen en la memoria captando siempre aspectos especiales de la realidad, cabría en efecto preguntarse cuánto lo de Lenin tiene de consigna y cuánto de historia lo de Trotski, o sea, cuál es, en el caso, la diferencia entre la agitación y el análisis científico. Estas contingencias se pierden empero en el mundo de las presunciones. Lenin no era muy aficionado a la separación entre la consigna y el rigor teórico, y los bolcheviques, por lo demás, hicieron con gran éxito de las consignas complejas un método partidario.[10] Vale la pena, por

10 Un ejemplo clásico de lo cual son las consignas lanzadas en relación con la guerra o también el telegrama del 6 de marzo de Lenin que recomendaba "desconfianza absoluta, negar todo apoyo al nuevo gobierno; rece-

eso, atenerse a la letra de los textos de que disponemos.

DESCRIPCIÓN DE LAS DEFINICIONES

"El doble poder —según Lenin— se manifiesta en la existencia de dos gobiernos: uno es el gobierno principal, el verdadero, el real gobierno de la burguesía: el 'gobierno provisional' de Lvov y Cía., que tiene en sus manos todos los resortes del poder; el otro es un gobierno suplementario y paralelo, de 'control', encarnado por el Soviet de diputados obreros y soldados de Petrogrado, que no tiene en sus manos ningún resorte del poder, pero que descansa directamente en el apoyo de la mayoría indiscutible y absoluta del pueblo, en los obreros y soldados armados." [11]

A primer golpe de vista, esta definición no contrasta demasiado con la de Trotski quien dice que "la preparación histórica de la revolución conduce, en el período prerrevolucionario, a una situación en la cual la clase llamada a implantar un nuevo sis-

lamos especialmente de Kerensky; no hay más garantía que armar al proletariado; elecciones inmediatas en la Duma de Petrogrado; mantenerse bien separados de los demás partidos" (*Historia,* etc.) , aunque no iba a pasar mucho antes de que se llamara a la lucha contra Denikin. Si se quiere, también las consignas sobre cuándo debía apoyarse a la lucha de la nación oprimida, etc. Los ejemplos son innumerables. En todo caso, debe distinguirse la sencillez de la expresión de las consignas de la complejidad de su contenido; el sacrificar la segunda o la primera es lo que caracteriza a una política vulgar.

[11] Cf. Lenin, *Las tareas del proletariado en nuestra revolución (proyecto de plataforma del partido proletario),* en *Obras completas,* t. XXIV.

25

tema social, si bien no es aún dueña del país, reúne de hecho en sus manos una parte considerable del poder del Estado, mientras que el aparato oficial de este último sigue aún en manos de sus antiguos detentadores. De aquí arranca la dualidad de poderes de toda revolución".[12] Hay varios rasgos comunes en estas dos definiciones. A saber:

a) La consideración de la dualidad de poderes como una fase transitoria e intermedia en el desarrollo de la revolución, aunque uno y otro diferirán en cuanto al carácter obligatorio, general, en cuanto al carácter de etapa propiamente de la dualidad de poderes. "Cuando ésta ha llegado más allá de una revolución democrático-burguesa corriente, pero no ha llegado todavía a una dictadura 'pura' del proletariado y el campesinado." [13]

b) La contemporaneidad, el paralelismo y la coexistencia "por un instante" de los dos poderes.

c) El poder dual se describe como un hecho *de facto* y no como un hecho legal. El "segundo gobierno" es "un poder directamente basado en la toma revolucionaria del poder, en la iniciativa del pueblo desde abajo, y no en una ley promulgada por un poder político centralizado".[14]

"No es un hecho constitucional sino revolucionario." [15] Surge del soviet, obra espontánea de las masas rusas (en la medida en que hay algo finalmente espontáneo en la historia). Como es obvio,

[12] Cf. L. Trotski, *Historia de la Revolución rusa, op. cit.*
[13] Cf. *Las tareas del proletariado en nuestra revolución, op. cit.*
[14] Cf. Lenin, *El doble poder, op. cit.*
[15] Cf. Trotski, *Historia de la Revolución rusa, op. cit.*

era un hecho no previsto en la lógica interna del Estado de Lvov que, a pesar de su brevedad, era también ya un Estado en forma.

Pero Trotski acota además, para insistir en la alegalidad (que se presenta también como una ilegalidad) de la dualidad de poderes, que "no sólo no presupone sino que, en general, excluye la división del poder en dos segmentos y todo equilibrio formal de poderes".[16] El poder dual, por cierto, no tiene nada que ver con la división o separación de poderes en el seno del Estado liberal-burgués.

d) No en las definiciones mismas pero sí en los textos siguientes, está claro que la temporalidad o precariedad es el carácter natural e inevitable de este hecho anómalo porque la unidad es la voluntad principal de todo Estado.

"No puede durar mucho. En un mismo Estado no pueden existir dos poderes."[17] También: "No puede ser estable. La sociedad reclama la concentración del poder".[18]

e) Se trata, por eso, no de un poder dividido sino de dos poderes contrapuestos y enfrentados. Pero tampoco sólo de dos poderes, en abstracto. Cada polo está ocupado por una clase social, es ya el poder de una clase organizada.

CONCEPTO DE LA "CLASE ORGANIZADA"

Sobre este último punto vale la pena hacer otra notación. Hablamos de una "clase organizada"; pero

[16] *Ibid.*
[17] Cf. Lenin, *Las tareas del proletariado en nuestra revolución, op. cit.*
[18] Cf. Trotski, *Historia de la Revolución rusa, op. cit.*

el concepto mismo de organización vale de una manera distinta cuando se habla de la burguesía o cuando se habla del proletariado. La burguesía, en último término, no se organiza sino cuando ha conquistado su propio Estado, y aun eso en su fase avanzada. El proletariado debe estar propiamente organizado, ser una clase para sí, en la etapa previa inmediata a la conquista del poder. En cuanto a las clases intermedias, sencillamente no pueden organizarse por sí mismas. Lo que se llama su organización no es una autonomía.[19]

Si se tiene en cuenta que el capitalismo surge espontáneamente en el interior de la decadencia del feudalismo, en cuanto las condiciones para la acumulación originaria permiten el descubrimiento o la emergencia o agnición de la burguesía y si se sabe a la vez que el socialismo, por la opuesta, no surge de modo espontáneo en el capitalismo (aunque éste le da, como es obvio, su base histórica), entonces el papel del partido es más importante en el segundo caso que en el primero. O sea que, mientras la revolución socialista no puede existir sin el partido proletario, en la revolución burguesa el partido no cumple sino un papel complementario. Eso ocurre, por decirlo así, porque la revolución burguesa se adscribe dentro de los apetitos naturales de la masa, sus inclinaciones gruesas y generales, en tanto que la revolución socialista responde sólo a la apetencia consciente y selectiva del sector más avanzado de la masa. No es otra la razón por la que el partido como tal, en su sentido moderno, no llega a existir sino dentro de la democracia burguesa

[19] Porque el proletariado es el único que dispone de un universo ideológico independiente de la ideología dominante. Las capas intermedias se definen por exclusión.

ya realizada, es decir, después de su triunfo; pero es, en cambio, un requisito anterior al triunfo de la revolución proletaria. Esto mismo se puede decir de otra manera: la organización de la burguesía no le viene de su partido; su verdadero nucleamiento está en los bancos, en los intereses de las empresas, en las formas de coordinar sus intereses económicos generales, incluso el Estado mismo, en la acepción del *Manifiesto comunista*,[20] es decir en la manera de constituirse que tiene; cuando ya está instalada, su conciencia o ideología está presente en la escuela, en la iglesia, en los hábitos económicos, en fin, en toda la sociedad; no tiene en rigor conciencia sino intereses comunes, en cierto modo, o su conciencia no es sino la prosecución de su interés más limitado y, por consiguiente, no necesita apelar a otra clase, a un "otro" político, para construir su conciencia; ella le viene desde adentro.

En el caso del proletariado, ya que existe a la vez como antagonista y como parte integrante del sistema capitalista, la conciencia que llegue a desarrollar dentro de sí mismo no es sino una conciencia defensiva, como en los sindicatos; pero su conciencia política le viene de fuera, su conciencia organizada sólo le puede ser proporcionada en último término por el partido proletario, que es el lugar donde se juntan el conocimiento científico de la

[20] "Conquistó finalmente [la burguesía] la hegemonía exclusiva del poder político en el Estado representativo moderno. El gobierno del Estado moderno no es más que una junta que administra los negocios comunes de toda la clase burguesa." En el *Manifiesto del Partido Comunista*, Ed. Progreso, Moscú, 1970.

praxis histórica y el antagonismo (todavía no plenamente desarrollado) de la clase.[21]

ESTADO, CLASE Y PARTIDO

En una segunda connotación puede decirse que la clase más el partido, en el momento de la consolidación de su vínculo, implica de algún modo la existencia de un Estado. Esto había sido previsto de un modo por demás incisivo por Gramsci.[22] Para el marxismo, en efecto, el Estado, aun en sus formas más arcaicas, existe ya cuando se dan la clase

[21] Para eso, es útil la famosa cita del ¿Qué hacer?: "Los obreros no podían tener conciencia socialdemócrata. Ésta sólo podía ser introducida desde fuera". Una idea de Kautsky que Lenin adoptó como una convicción de gran firmeza, que estaba presente en él mucho antes. Así: "La socialdemocracia no se limita simplemente a servir al movimiento obrero; es la unión del socialismo con el movimiento obrero: su tarea es introducir en el movimiento obrero espontáneo definidos ideales socialistas, ligar este movimiento con las convicciones socialistas... fusionar este movimiento espontáneo en un todo indivisible con la actividad del partido revolucionario". (Véanse los artículos para la Rabóchaia Gazeta [Nuestra Tarea Inmediata], en Obras completas, t. IV.)
[22] A. Gramsci, Scritti giovanili, Turín, 1958. Citado en la Antología preparada por Manuel Sacristán. Dice Gramsci que "el Partido Socialista al que damos toda nuestra actividad... es un Estado en potencia que va madurando, antagonista del Estado burgués, y que intenta en la lucha cotidiana con este último y en el desarrollo de su dialéctica interna crearse los órganos necesarios para superarlo y absorberlo". También en sus Notas sobre Maquiavelo, la política y el Estado moderno: "El espíritu de partido... es el elemento fundamental del 'espíritu estatal' ".

y su capacidad de coerción. Es decir, para que haya clase dominante debe haber clases (aunque no sea todavía en el sentido moderno de clase) y, por otra parte, el aparato de coerción debe estar ya desprendido de la colectividad, por cuanto pasa a depender sólo de una parte de ella, de la clase dominante.[23]

Si se aplican estas elementales nociones de la teoría marxista del Estado al momento de la dualidad de poderes en Rusia se verá que *se trata de una nueva clase en el seno de la política estatal (no en la política general desde luego),* que aparece con su propio aparato de coerción (habida cuenta de que esto significa la capacidad de imponer sus deci-

[23] Lo dice Engels en *El origen de la familia, la propiedad privada y el Estado*: "[El Estado] es más bien un producto de la sociedad cuando llega a un grado de desarrollo determinado; es la confesión de que esa sociedad se ha enredado en una irremediable contradicción consigo misma y está dividida por antagonismos irreconciliables... se hace necesario un poder situado aparentemente por encima de la sociedad y llamado a amortiguar el choque, a mantenerlo en los límites del 'orden'. Y ese poder, nacido de la sociedad, pero que se pone por encima de ella y se divorcia de ella más y más, es el Estado". O sea que la autonomía relativa del Estado está casi en el origen mismo del hecho estatal, por lo menos como dirección. También Lenin dice (en *El Estado y la Revolución*) que "el Estado es producto y manifestación del carácter irreconciliable de las contradicciones de clase". En cuanto al aparato de coerción, Engels escribe en *E lorigen de la familia, la propiedad privada y el Estado*: "El segundo rasgo característico es la institución de una fuerza pública que ya no es el pueblo armado. Esta fuerza pública especial hácese necesaria porque desde la división de la sociedad en clases es ya imposible una organización armada espontánea de la población". Se trata de "destacamentos especiales de hombres armados" (Lenin).

siones sea por la vía del mero alcance político, porque sectores más o menos vastos lo acatan o por medio de su sistema armado o porque se ha adueñado de parte del que era antes aparato armado exclusivo de la burguesía) y también con su propio aparato ideológico, porque llega con su propia visión acerca del poder y del mundo, con su propia manera de interiorizar la vida objetiva.[24] Es pues, en relación con la burguesía, otro Estado en el que la única diferencia o defecto consiste en que no abarca todavía todo el ámbito que era ocupado por el anterior, que es a la vez su Estado paralelo. Lukács dice que se trata de un "contragobierno".[25] Si consideramos que *el Estado es una noción por fuerza abstracta, que unifica la diversidad concreta de sus elementos, se puede aceptar esta definición, porque el gobierno sería sólo el Estado, noción estática, analítica, puesto en movimiento; el gobierno sería la práctica del Estado.* Pero si la dualidad de poderes se refiriera al partido, como germen o Estado potencial, siempre y en todo el tiempo que dure la democracia burguesa, allá donde exista un partido proletario más o menos numeroso y organizado habría dualidad de poderes.[26] No es empero

[24] Esto es la ideología en general.
[25] Cf. Georg Lukács, *Lenin, la coherencia de su pensamiento,* Ed. Grijalbo, México, 1970. Según Lukács, "o los consejos proletarios desorganizan el aparato estatal burgués o éste corrompe a los consejos, reduciéndolos a una existencia meramente aparente, con lo que, en definitiva, los aniquila". El concepto de *poder desorganizador* es importante.
[26] Desde la extrema posición de Gramsci (el partido concebido como un Estado en potencia) hasta la que se sitúa en el extremo opuesto, de Rossanda o Glucksmann, existe una variedad total de posiciones sobre el

a la formación de la experiencia estatal en la clase obrera sino al momento en que ella ya se expresa en forma, aunque con la subsistencia anormal de su opuesto, como Estado propiamente, a lo que se refirió Lenin cuando hablaba de este tema.

CORRELACIÓN DENTRO DE LA DUALIDAD

No sólo hay diferencias fundamentales tanto como coincidencias obvias entre las definiciones de Le-problema. Rossana Rossanda dice que, en la época en que la ideología proletaria se ha hecho dominante en el plano mundial, "el centro de gravedad se desplaza de las fuerzas políticas a las fuerzas sociales", lo que implicaría un abandono de los principios leninistas del partido político. Glucksmann por su parte dice que el movimiento revolucionario "no tiene necesidad de organizarse como un segundo aparato de Estado, su tarea no consiste en dirigir sino en coordinar". Ambas citas se extraen de *El problema de la organización, Lenin y Rosa Luxemburgo*, de Daniel Bensaird y Alain Nair, publicados en *El desafío de Rosa Luxemburgo*, Ed. Proceso, Buenos Aires, 1972.

En realidad, el partido no puede nunca, en rigor, ser un Estado. La idea de Estado misma responde a las necesidades de la opresión entre las clases; es resultado de una sociedad dividida en clases. El partido empero contiene cualitativamente a una sola clase, que utiliza ese instrumento para destruir la dominación que se ejerce sobre ella y organizar su propia dominación en la sociedad. Que el partido sea un elemento imprescindible para la construcción de los órganos de poder del proletariado y, por consiguiente, para la existencia de una verdadera dualidad de poderes no lo convierte, por esa sola razón, en un Estado por sí mismo. Pero es cierto que en el partido la clase aprende y adquiere todos aquellos elementos con los que construirá su dictadura.

33

nin y Trotski. En realidad, son dos teorías acerca de la cuestión de la dualidad de poderes. En determinados aspectos una enriquece a la otra; pero en otros son excluyentes, se desarrollan por separado. Eso ocurre, por ejemplo, en relación con el *equilibrio interno o correlación dentro de la dualidad de poderes*. Que los poderes o Estados sean paralelos no quiere decir que sean de la misma fuerza eficiente a todo lo largo del momento de la dualidad de poderes.

La discusión, en este orden de cosas, se funda en realidad sobre la cantidad, sobre la localización de la cantidad y el movimiento de la cantidad, tema no ajeno en absoluto a la política de alianzas entre las clases en la instancia prerrevolucionaria. Cualitativamente, son estados diferentes desde el principio, inconfundibles.[27] Pero la cantidad del "poder efectivo" (Trotski) varía según la fase interior del poder dual,[28] que, de alguna manera, es también un proceso por sí mismo. No es una distribución homogénea, equivalente e intercontrolada de poder estatal: primero hay más fuerza a un costado y después crecientemente al otro o, de súbito, un retroceso del polo creciente y aun una inversión, según el éxito de la conducción, hasta que las cosas se definen. Éste es el lugar de la táctica, la autonomía

[27] Inconfundibles, en efecto. La dictadura del proletariado es descrita por Marx a propósito de la Comuna de París. El ejército permanente es sustituido por el pueblo en armas. Los consejeros eran elegidos por sufragio universal y revocables en todo momento; los sueldos de los consejeros son el equivalente a un salario de obrero, etcétera.

[28] Porque aunque dure muy poco, como resulta de su carácter, el poder dual es también un desarrollo o proceso, inevitablemente.

de lo político.[29] Ni siquiera en el ejemplo ruso, que parece a la distancia el del invencible ascenso de los bolcheviques, el crecimiento del polo proletario fue lineal. Puede ocurrir, en verdad, en la dualidad de poderes, que "el poder efectivo" corresponda en principio al costado obrero, como emergencia de la periclitación de una frágil burguesía, y que éste lo pierda posteriormente tras la reconstrucción envolvente y reascendente del poder de la burguesía.[30] Por alguna razón, aquí un éxito prematuro en la táctica se convierte en una vulnerabilidad en la estrategia. Así, Bolivia en 1952, *exempli gratia,* como se verá después. El triunfo proletario no es jamás una fatalidad inmediata.

No importa en esta materia lo que argumentemos sino las experiencias a las que podemos referir los argumentos. Vale la pena seguir las visiones testimoniales o la dualidad de poderes desde dentro, tal como fueron vistas por sus relatores. Para Lenin, el "verdadero" poder es todavía el poder no obrero, el de Lvov y compañía.[31] Para Trotski, el poder no obrero no hace más que detentar el "aparato oficial" del poder del Estado,[32] lo cual no significa empero que el poder del Estado ya haya sido transferido pero no todavía el aparto estatal. Se da aquí una visión "pesimista" de Lenin y una "optimista" de Trotski. Eso se explica, como se dijo, por el

[29] *Vide* A. Gramsci, *Notas sobre Maquiavelo, la política y el Estado moderno, op. cit.*
[30] Como se verá, *infra,* en el estudio del caso de Bolivia en 1952.
[31] Cf. Lenin, *Las tareas del proletariado en nuestra revolución.*
[32] Cf. L. Trotski, *Historia de la Revolución rusa, op. cit.*

momento de la exposición de ambas teorías. En 1917, la victoria no era inevitable; por el contrario, la intensidad de las convocatorias de Lenin, la permanente alusión al poder de la burguesía antes y después de la conquista del poder[33] demuestran su preocupación por la vastedad de los recursos de esa clase. Pero si se veía a 1917 desde 1930[34] parecía que la derrota había sido imposible. La clase vencida, vista a la distancia, no parece haber estado compuesta sino por retóricos, por rezagados y por necios; pero esos farsantes no ofrecían una imagen tan ridícula en el momento mismo de la acción.

El gobierno provisional detenta "todos los resortes del poder", según Lenin,[35] en tanto que el poder soviético no es todavía sino "un poder incipiente".[36] "En tanto los soviets existen, en tanto son un poder, tenemos en Rusia un Estado del tipo de la Comuna de París",[37] es decir, la dictadura del proletariado existe ya pero sólo como un poder

[33] "La dictadura del proletariado es la guerra más heroica e implacable de la nueva clase contra el enemigo más poderoso, contra la burguesía, cuya resistencia se ve duplicada por su derrocamiento (aunque no sea más que en un país) y cuya potencia consiste no sólo en la fuerza del capital internacional, en la fuerza y la solidez de los vínculos internacionales de la burguesía sino, además, en la fuerza de la costumbre, en la fuerza de la pequeña producción y la pequeña producción engendra capitalismo y burguesía constantemente..." Cf. Lenin, *La enfermedad infantil del izquierdismo en el comunismo.*

[34] Que es cuando Trotski concluyó la *Historia de la Revolución rusa,* cuyo prólogo está datado en Prinkipo, el 14 de noviembre de 1930.

[35] Cf. *Las tareas del proletariado en nuestra revolución, op. cit.*

[36] *Ibid.*

[37] *Ibid.*

36

incipiente o embrión. Ahora bien, ¿por qué Lenin consideraba que se trataba todavía de un poder incipiente? Porque "para convertirse en poder (único) los obreros con conciencia de clase tienen que atraer a su lado a la mayoría", o sea, porque no son todavía la mayoría y, en esas condiciones, deben "pactar directamente con el gobierno provisional burgués y hacer una serie de concesiones reales".[38]

Para Trotski, en cambio, la clase obrera, "si bien no es aún dueña del país, reúne de hecho en sus manos una parte considerable del poder del Estado, mientras que el aparato oficial de este último sigue en manos de sus antiguos detentadores".[39]

Este mismo "no es aún dueña" significa que lo será ineluctablemente después. Pero quizá el desacuerdo entre ambos no sea sino resultado de que se refieren a instantes diferentes de la fase de la dualidad de poderes. Entre febrero y octubre, en efecto, el poder del gobierno provisional se va haciendo cada vez menos real y como la dualidad de poderes existió desde el principio del entrelazamiento de las dos dictaduras, *la definición de Lenin resulta cada vez más exacta cuanto más próxima está a febrero,* cuando el poder de Lvov es todavía el "verdadero". En cambio, *la definición de Trotski es cada vez más válida mientras más la dualidad de poderes se acerca a octubre,* cuando Kerensky ya no tiene sino la cáscara del poder, su aparato oficial y su ceremonia.

LOCALISMO DE LENIN, ALOCALISMO DE TROTSKI

Expuestas de tal modo las cosas, no podemos situar en el punto anterior, en la distribución inter-

[38] *Ibid.*
[39] Trotski, *Historia de la Revolución rusa, op. cit.*

na del poder efectivo dentro de la dualidad de poderes, la verdadera distancia entre las teorías de Lenin y de Trotski. El meollo de tal diferencia se sitúa, en cambio, en lo que puede llamarse la especificidad o localismo de Lenin y el alocalismo o universalidad de Trotski en cuanto a sus visiones acerca de la dualidad de poderes.

Trotski no inserta la noción de dualidad de poderes ni en un tiempo determinado ni en un solo lugar histórico, tampoco la vincula a un tipo específico de revolución. Habla de la "dualidad de poderes de toda revolución".[40] Se trataría de "un fenómeno peculiar de toda crisis social y no propio y exclusivo de la Revolución rusa de 1917"[41] y aparecería como "un episodio característico de la lucha entre dos regímenes".[42] De la misma manera que habrían existido instancias de dualidad de poderes en el desarrollo de las revoluciones burguesas en Francia e Inglaterra, entre el poder feudal y el poder burgués, se habría producido un fenómeno similar de dualidad de poderes entre la dictadura de la burguesía y la del proletariado en la Rusia de 1917. En Francia, entre la Asamblea Constituyente, órgano de la burguesía y la monarquía, entre París y Coblenza; en Inglaterra, entre el Parlamento y el rey, entre Londres y Oxford.

La concepción de Lenin es ajena de un modo absoluto a tal transtemporalidad del pensamiento de

[40] *Ibid.*
[41] *Ibid.*
[42] *Ibid.* Hablar de la lucha entre dos regímenes como característica de la dualidad de poderes resulta muy vago para una fórmula en cambio muy precisa. Es algo explicable, en cambio, si se considera la extensión que dará después Trotski a la figura.

Trotski. No sólo que no habría existido antes en la historia del mundo una situación semejante sino que "nadie pensó previamente, ni podía pensar en un doble poder".[43] Se trata del "rasgo más notable",[44] de una "peculiaridad esencial de nuestra revolución",[45] de "una circunstancia extraordinariamente peculiar, sin precedentes en la historia".[46] En esto, en el "entrelazamiento de dos dictaduras", consistiría precisamente la "sorpresa" de la Revolución rusa.[47]

Resulta evidente que en este caso quizá mejor que en cualquier otro podemos advertir (algo que está presente, por lo demás, en todo su pensamiento) que Trotski tendía a ver con más lucidez o transparencia los aspectos de la unidad de la historia del mundo, lo que después de todo es el dato esencial de nuestro tiempo, mientras Lenin o Stalin y el propio Gramsci podían comprender más fácil y exhaustivamente la diferencia o peculiaridad de la historia del mundo, actitud sin la cual un movimiento revolucionario no puede vencer ahora ni nunca. La lógica del lugar, ciertamente, suele derrocar a la lógica del mundo.

Ese tipo de razonamientos de Trotski ocasionaron un comentario criptostalinista: "Se podría decir —escribió Gramsci— que Bronstein, que aparece como 'occidentalista', era en cambio un cosmopolita, es decir, superficialmente nacional y superficialmente oc-

43 Cf. Lenin, *El doble poder*, en *Obras completas*, t. XXIV.
44 *Ibid.*
45 Cf. *Las tareas del proletariado en nuestra revolución, op. cit.*
46 *Ibid.*
47 *Ibid.*

cidentalista o europeo. Ilitch, en cambio, era profundamente nacional y profundamente europeo".[48] Se puede discutir si aquello era verdad o no, pero quizá ahí mismo está a la vez la raíz de las frustraciones político-prácticas de Trotski y la causa del continuo renacimiento de su pensamiento en el mundo.

PRIMERA DISOLUCIÓN DEL CONCEPTO DE PODER DUAL

Se producen, sin embargo, otras emergencias no obviables en este carácter de la teoría trotskista sobre la dualidad de poderes. Puesto que la figura de la dualidad de poderes se refiere en Trotski no sólo a "toda crisis social"[49] sino también a toda "lucha entre dos regímenes",[50] sin mayores esfuerzos por definir lo que se entiende para el caso por crisis social o por régimen, entonces está lejos de insertarse o arraigarse solamente en los modos de existencia de la revolución socialista y ni siquiera en los términos de la lucha por el poder del Estado dentro de la unidad estatal moderna posterior al absolutismo. Los ejemplos que se entregan corresponden a las revoluciones burguesas y a la socialista de Rusia; unas y otras por tanto, en este episodio de la instancia superestructural, de su mutación jurídico-política, serían semejantes: una dualidad de poderes interina las separaría y las uniría al mismo

[48] Cf. A. Gramsci, *Notas sobre Maquiavelo, la política y el Estado moderno.*
[49] Cf. L. Trotski, *La agonía mortal del capitalismo y las tareas de la IV Internacional (el programa de transición),* Ediciones Masas, Santiago, Chile.
[50] *Ibid.*

tiempo. Como Trotski, por lo demás, hace extensiva la dualidad de poderes a toda crisis social, *ergo*, por fuerza, ha habido fases de dualidad de poderes dentro del Estado esclavista, en el Estado feudal, etc. Se advierte aquí ya hasta qué punto la figura de la dualidad de poderes en rigor comienza a disolverse en el exceso de una definición cada vez más general.

Hay pues una primera disolución del concepto de dualidad de poderes en cuanto se lo refiere a toda revolución, a toda crisis, a todo cambio político dentro de cualquier etapa de la historia del mundo. Esa disolución es más evidente cuando se considera que Trotski plantea la dualidad de poderes como una ley social, en contraposición a la "peculiaridad esencial" que ve Lenin en ella, como un fruto puro de la historia rusa, de su modo superpuesto de suceder.

Una ley social, como es natural, debe ser lo suficientemente extensa como para no referirse a un solo caso, ni siquiera a pocos casos; debe contemplar los mismos casos en cuanto ocurran en las mismas circunstancias; de otra manera, se trataría sólo de la descripción de un hecho *sui generis* y se podría rechazar la mención de ley social desde el principio. Debe ser, de otro lado, una noción lo suficientemente restringida y caracterizable, porque, si no es así, vendría a confundirse con una obviedad o truismo.

Aplicando estos mínimos al tema, es lógico advertir que un poder no desaparece inmediatamente en cuanto se lo niega y que, hasta como punto de referencia, una negación necesita de una mínima prórroga de la tesis, por lo menos hasta el momento en que la negación se ha definido. Pero no es necesario convertir en una ley social la subsistencia

41

por un instante a la vez del poder desconocido o controvertido (en descenso) y del poder que desconoce o que reniega del anterior (en ascenso). Esto, sencillamente, no es una ley social sino un requisito lógico del cambio político (de todo cambio político), un *sine quan non ante* sin mayor complejidad. Gramsci mismo, otra vez, comentó a Croce de un modo que puede aplicarse a Trotski. "Croce afirma —escribió— que no siempre hay que buscar el Estado donde lo indiquen las instituciones oficiales porque tal vez éste podría hallarse en los partidos revolucionarios."[51] Por ahí la tesis de Trotski acerca de una dualidad de poderes de la fase histórica específica, sin mayor exigencia acerca del carácter ya estatal del poder negador, parecería verse confirmada. Pero, a continuación, Gramsci dice que, aunque "puede suceder que la dirección política y moral del país no sea ejercitada en un determinado momento por el gobierno legal sino por una organización 'privada' y aun por un partido revolucionario",[52] ello no es sino una "observación de sentido común" y que el generalizarla es tratar de convertir los hechos obvios en leyes sociales, sin una razón específica.

LA "PECULIARIDAD ESENCIAL" DE LA REVOLUCIÓN RUSA

¿Cuál es empero el signo verdaderamente original, no intercanjeable, autónomo de la Revolución rusa, aquella "peculiaridad esencial" de que hablaba Le-

[51] Cf. A. Gramsci, *El materialismo histórico y la filosofía de Benedetto Croce*, Ed. Revolucionaria, La Habana. 1966.
[52] *Ibid.*

nin? Es claro que no se necesita creer que se trataba
en efecto de una peculiaridad esencial de la Revolución rusa sólo porque Lenin dijo que era así.
Es evidente, por otra parte, que Trotski no podía
sino tener a la vista el texto de Lenin cuando afir-
mó lo contrario que él. Lo hizo, sin duda, sabiendo
que estaba planteando tal contradicción. Por lo
menos hay que reconocer a Trotski que tenía la
capacidad de sentirse identificado con Lenin aun
estando en desacuerdo en muchos puntos con él,
como ocurrió tantas veces a lo largo de su vida.[53]

El "rasgo extraordinario, sin precedentes en la
historia",[54] es, sin duda, el "entrelazamiento" de las
dos dictaduras. "Según la forma de pensar antigua
—decía Lenin— la dominación de la burguesía podía y debía ser seguida por la dominación del proletariado y el campesinado por su dictadura. En la
vida real, sin embargo, las cosas ya sucedieron de
modo diferente; se produjo un entrelazamiento de
lo uno con lo otro en extremo original, nuevo,
sin precedentes." [55] La proximidad en el tiempo, la
contemporaneidad, el paralelismo entre la revolución
democrático-burguesa y la revolución socialista es lo

[53] Aunque a veces simplemente no identificado con
él en absoluto. No hay para qué santificar una relación personal que fue difícil. Trotski escribió magnífi-
cas apologías de Lenin pero cuando éste ya era victorioso
o muerto. Tendemos nosotros, a la vez, a alabar a Trotski por su trágica muerte.
Las cosas se distorsionan a tal punto que, mientras
Trotski decía que el trotskismo no existía, que era un
invento de Stalin, a veces se dice prácticamente que el
trotskismo es el punto al que llegó Lenin en el momento de su madurez.
[54] Cf. Lenin, *Cartas sobre táctica*, en *Obras completas*,
t. XXIV.
[55] *Ibid.*

típico de la Revolución rusa y en ello se funda su carácter ininterrumpido o permanente.[56] Se diría en este sentido que, tras el derrumbe del zarismo, el nuevo poder nace con dos brazos, uno democrático-burgués y socialista el otro.

Resulta difícil encontrar en la historia del mundo un caso en el que la revolución burguesa preceda a la socialista sólo en nueve meses. Tal resulta sin duda del carácter tardío de la revolución burguesa en Rusia, carácter que, por lo mismo, dio lugar a un poderoso sentimiento sustitucionista[57] en el proletariado, clase temprana que no se alienó, en parte quizá por la misma pobreza de los logros de la burguesía rusa.

El mejor proletariado de Europa y la más rezagada de las burguesías de Europa convivían así, en un mismo escenario, en el momento del derrumbe de la monarquía zarista. Es de estos hechos de los que Lenin extrae la noción del poder dual como "peculiaridad esencial". Tal proximidad en el tiempo o coetaneidad resulta en cambio notoriamente omitida en el análisis de Trotski.

EL ENTRELAZAMIENTO Y LA CRISIS NACIONAL GENERAL

Pero incluso hablar de la proximidad o coetaneidad de las dos revoluciones no dice nada si no se hace

56 En la acepción de Marx, cuando habló de revolución permanente. Pero las etapas, en rigor, no se saltan. La prosecución constante del proceso revolucionario no es un salto.

57 Pero hay un sustitucionismo legítimo, cuando el proletario realiza tareas burguesas. Adquiere, en cambio, un contenido reaccionario cuando se encomienda al movimiento campesino o a un movimiento pequeñoburgués cualquiera el cumplimiento de las tareas proletarias.

un escrutinio de su contenido. ¿Cuál es, en efecto, el mayor de los problemas para el proletariado de un país atrasado? Es un problema cuantitativo. Es la clase dirigente, pero no es la clase mayoritaria. Está aislado por un mar de clases precapitalistas cuyos intereses no son necesariamente socialistas o por clases que, aun no teniendo porvenir al margen del socialismo, no tienen las *posibilidades de conciencia* como para comprender ese hecho. En estas condiciones, la toma del poder por el proletariado, por un mero acto de audacia histórica, acaba por tener un contenido blanquista indiscutible. Es una especie de foquismo en el que el foco está constituido por la clase entera. La única manera de que el proletariado se convierta en rigor en el caudillo de la mayoría efectiva es mediante el "entrelazamiento" entre la movilización democrático-burguesa, que es más fácilmente masiva por cuanto se produce en torno a consignas gruesas, fácilmente explicables, extensibles y exitosas, y la movilización socialista, que está al alcance sólo de los sectores más avanzados del pueblo.[58] La aptitud de dirigir los intereses de la universalidad de los sectores explotados por parte del proletariado es la ventaja de la revolución en un país atrasado.

En la fase del imperialismo, en efecto, los propios apetitos u objetivos burgueses de los sectores no proletarios oprimidos no alcanzarán éxito bajo la dirección de la burguesía. En cambio, esos ob-

---

[58] Noción estrictamente válida para un país atrasado y a eso se refiere el concepto de dictadura democrática de obreros y campesinos. Pero deducir de ello que Lenin otorgara un papel equivalente en cuanto a la hegemonía al proletariado y al campesinado es una distorsión frontal de todo su pensamiento.

jetivos se cumplirán como tareas rezagadas dentro de la revolución socialista. Esto mismo, no obstante, sólo en sus lineamientos más generales puede ser diseñado por una teoría previa; es el ritmo objetivo de la lucha de clases lo que define el tipo ·de relación entre la base económica y la superestructura política, en la situación concreta. En circunstancias excepcionales, un gobierno democrático puede realizar tareas burguesas que, como la construcción de un capitalismo de Estado, están vinculadas de modo directo con el socialismo, en la medida en que existe la hegemonía de la clase obrera. Pero también la lucha de clases puede madurar ·de tal manera que ya la mayoría de la población sea movilizada bajo el proletariado. Nadie ha dicho jamás que la superestructura política no pueda adelantarse, durante cierto tiempo, a la base económica y transformarla desde arriba.[59] Es la intensidad de la lucha de clases la que, en este caso, da las bases para un poder socialista, que ya encara las tareas burguesas como hechos rezagados, como advirtiendo que sólo tomando un máximo se puede obtener el conjunto de los mínimos.

De este modo, son la lucha de clases y la presión del mundo objetivo las que determinan la velocidad ·con que una revolución burguesa está en condiciones de transformarse desde dentro en una revolución socialista. No basta con que la inteligencia comprenda que las tareas burguesas no tienen soluciones burguesas en un país periférico. Es necesario asimismo que los sectores atrasados comprendan que sólo por medio del proletariado y su dirección

[59] Salvo los reformistas, a la Bernstein, en las discusiones de la II Internacional.

pueden lograr sus objetivos. Pero dentro de la normalidad, por modesta que ella sea, las clases atrasadas sólo reproducen de continuo ideología burguesa. Sólo la caducidad palmaria del sistema permite que esos sectores vean en el proletariado a su dirección y por eso es tan típico del pensamiento voluntarista la omisión del concepto leninista de la "crisis nacional general", que describió como un requisito central para la existencia de la revolución.

La dualidad de poderes en Rusia expresa, por consiguiente, aquel momento en que el proletariado, sobre la base de su conciencia organizada como partido y explotando las condiciones objetivas de la crisis nacional general, tiene ya fuerzas para constituirse como Estado sin ser inmediatamente liquidado. Como para constituirse, pero no todavía como para conquistar el apoyo de la mayoría del pueblo, sobre todo del campesinado; puede, por tanto, *ser* un Estado pero no todavía unificar en sus manos *todo* el poder del Estado. El fracaso de la burguesía rusa en solucionar los problemas del campesinado, aun en las condiciones inicialmente ventajosas para ella dentro de la dualidad de poderes, le aliena el apoyo de la mayoría del pueblo y ése es el momento en que se puede constituir el "entrelazamiento" entre la movilización democrático-burguesa del campesinado y la movilización socialista del proletariado.

De aquí proviene el hecho de que la de la dualidad de poderes sea sobre todo ahora una discusión que corresponde a los países en los que el proletariado no es mayoritario, a los países atrasados pero con cierta industrialización mínima a la vez. En países como Bolivia, donde la burguesía, tanto como burguesía intermediaria cuanto como burguesía "na-

47

cional", es una clase débil de un modo inveterado; donde el equivalente a una "crisis nacional general" es algo a cuyo margen la sociedad está de continuo (la insurrección permanente de Bolivia) y en los que existe a la vez un proletariado políticamente bastante avanzado, son, por lo mismo, aquellos en los que la dualidad de poderes puede producirse de una manera aproximada a los hechos rusos de 1917.

El gran ausente en Bolivia es el partido portador de la conciencia de la clase avanzada y éste es el problema u obstáculo que veremos en su momento. Sin partido proletario, desde luego, no hay Estado proletario.[60] Esta misma problematización, sin embargo, tiene el vicio de remitir a una figura estatal que correspondió a una coyuntura determinada de la historia rusa, lo que en cambio debe explicarse a través de su contexto de clase. Sin la alianza de la clase obrera con los campesinos, la Revolución rusa no habría sido posible, con dualidad de poderes o sin ella. En países que tienen un cuadro de clases parecido al de la Rusia de entonces, el proletariado jamás podrá hacerse del poder si no encuentra su *quantum* necesario en el campesinado.[61] Ésta es una norma que, desde luego, también sirve solamente para dicho tipo de

[60] Porque el proletariado sólo llega a ser realmente proletario cuando su impulso espontáneo se fusiona con el marxismo, en el partido proletario.

[61] Cf. Lenin, *Cartas desde lejos,* en *Obras completas,* t. xxiv. "Si la revolución triunfó tan radicalmente —en apariencia, a primera vista— sólo se debe al hecho de que, como resultado de una situación histórica en extremo original, se unieron, en forma asombrosamente 'armónica', corrientes absolutamente diferentes, intereses de clase absolutamente heterogéneos, aspiraciones políticas y sociales absolutamente opuestas."

países, porque en los países desarrollados apenas si existe un campesinado, lo cual vale también para varios países subdesarrollados.[62] La necesidad empero se sitúa en torno a esta alianza, imprescindible desde el punto de vista revolucionario, y no en torno a la dualidad de poderes que es, en cambio, una excepción. Se diría, por el contrario, que la propia dualidad de poderes fue un episodio superior en la construcción de la alianza obrero-campesina.[63]

LA REPRODUCCIÓN DEL PODER DUAL

Si las cosas se dejan en este punto se diría que, al servicio de un brillante discurso histórico, Trotski pasó por alto el carácter principal de la dualidad de poderes, que era la concentración de dos tipos de revolución en un solo tiempo y un solo espacio. Parecería, por el contrario, que lo que él entendía por dualidad de poderes era un complejo de contradicciones estatales y semiestatales, de clases y de fracciones de clases y, en suma, el carácter esencialmente contradictorio de todo poder.

Este carácter expansivo de la exposición trotskista, que sólo usa el esbozo leninista como un pie analítico, ha de ser visto con mayor claridad cuando se enumeren las formas de dualidad de poderes que están consignadas en sus obras. Hay otros

[62] El Uruguay o la Argentina, por ejemplo.
[63] Alianza que, a su turno, resulta del análisis de las relaciones de producción. Se opta por aliarse a la clase más próxima por su colocación en la estructura material de la sociedad; cómo se exprese esa alianza en la superestructura estatal depende, en cambio, de la coyuntura política.

aspectos concretos en los que el trabajo teórico de Trotski es incluso más rico que el de Lenin. Ello ocurre sobre todo en sus observaciones acerca del problema de la reproducción de la dualidad de poderes y acerca de la inversión o vuelta que se produce en él, en el ascenso de su línea histórica. En cuanto al modo de conclusión o remate del poder dual, por ejemplo, Lenin se limita a decir que las alternativas se reducen a la dictadura de la burguesía o a la del proletariado: "Tal entrelazamiento no puede durar mucho. En un mismo Estado no pueden existir dos poderes. Uno de ellos está destinado a desaparecer".[64] O sea que Lenin suma a la excepcionalidad de la dualidad de poderes la necesaria definición terminante en torno a dos polos que ya no tienen ocasión de sustituirse internamente porque la situación histórica está ante un sesgo. Es una posición maniqueísta que corresponde empero (otra vez) a lo que sucedía en efecto en la Rusia de aquellos días, situación "objetivamente verificable"[65] en la que la burguesía ya no podía salvar formas intermedias ni siquiera debajo del dibujo bonapartista de Kerensky, que, personal y políticamente, vivía de excitaciones. Kornilov y los bolcheviques se convierten, por cierto, en alternativas indiscutidas e interexcluyentes. Es decir, que el maniqueísmo aquél no estaba en el sujeto de la exposición sino en la materia de la exposición. La fuerza de las "situaciones concretas" es un argumento que se nos impone aun antes de que tengamos tiempo de analizarlo demasiado.

Pero Trotski era capaz de saber, puesto que veía

---

[64] Cf. Lenin, *Las tareas del proletariado en nuestra revolución*, op. cit.
[65] *Ibid.*

el fenómeno (porque la dualidad de poderes corresponde a la zona de la superestructura) en su generalidad y no en su singularización, es decir, en su proceso y no en su apariencia, que la dualidad de poderes podía solucionarse como dualidad de poderes misma o sea que, *en determinadas circunstancias, en una falsa precipitación de clase por ejemplo, no es la síntesis la conclusión forzosa de la contradicción entre la tesis y la antítesis,* salvo que se decidiera llamar así, por un simple ritual dialéctico, a lo que no es, *stricto sensu,* una síntesis. Ahí se daría el caso de que *la contradicción* (la dualidad de poderes) *se mantendría aunque se remplazaran desde dentro a los sujetos que la integran* (los polos clasistas).

Dicha contradicción puede, por el contrario, derivar en una reproducción de la contradicción como tal, conservándola como tal contradicción aun a través de una nueva tesis y la nueva antítesis, que serían al mismo tiempo derivaciones, renovaciones y sustituciones de las viejas tesis y antítesis respectivamente. Una contradicción aparecería dando vida y prolongación, sustituyendo, a otra y, en tal caso, la reproducción del poder dual puede ser una forma temporal de solución del poder dual (porque todo poder dual es breve de todas maneras).

Esto ocurre, por ejemplo, cuando Trotski describe la contradicción entre el gobierno provisional y el Comité Ejecutivo: "El poder dual de los liberales y demócratas no hacía más que reflejar el poder dual, que aún no había salido a la superficie, de la burguesía y el proletariado".[66] Es lo que se llama el "carácter reflejo" de la dualidad de poderes de

66 Cf. Trotski, *Historia de la Revolución rusa, op. cit.*

51

la revolución de febrero. Es la paradoja de que una dualidad de poderes semifantasmal se viera solucionada no por el triunfo de uno de sus polos sino por su remplazo por el "poder dual efectivo".[67]

¿Por qué semifantasmal y no fantasmal simplemente? Porque los mitos, los reflejos, las mixtificaciones expresan siempre, en la lucha de las sociedades, lo no mítico, lo no reflejo (lo reflejante), lo no mixtificado. Son maneras diferidas que tiene la realidad para expresarse. Las contradicciones formales suelen ser el vehículo de las manifestaciones de las contradicciones de la realidad. Las cosas pueden ser gratuitas entre los individuos pero en la vida social tienen siempre un objeto.

No es, sin embargo, el único ejemplo de solución de la dualidad de poderes por su reproducción, dentro de la exposición de Trotski. Lo mismo en la revolución inglesa: tras la dualidad de poderes localizada en los polos de Londres y Oxford, la burguesía presbiteriana y el rey, "parece que surgen las condiciones para establecer el poder unitario de la burguesía presbiteriana"[68] con un polo en el ejército parlamentario, que crea un Consejo de diputados soldados y oficiales por encima del mando ("que concentra en sus filas a los independientes, pequeñoburgueses piadosos y decididos, los artesanos, los agricultores")[69] y el Parlamento presbiteriano, que representa a la "burguesía acomodada y rica".[70] Pero aún después del triunfo de ese "ejército modelo" una dualidad de poderes se produce entre los *levellers,* "ala de extrema izquierda

[67] *Ibid.*
[68] *Ibid.*
[69] *Ibid.*
[70] *Ibid.*

de la revolución",[71] y Cromwell. O sea que la revolución inglesa no se define sino después de su tercera fase de dualidad de poderes.

En esta instancia, Trotski está pensando en la experiencia inglesa y hará otro tanto con la francesa; nos parece que, antes que estar considerando una dualidad de poderes en el sentido leninista, está haciendo una rica exposición acerca de las luchas entre las fracciones de clase (y sus soportes) y la importante cuestión del muy diferente destino que puede tener un mismo tipo de Estado, según que triunfe el sector progresista o el conservador dentro de la clase que lo transporta en la historia.

Cabe otra interrogante, sin embargo. Puesto que se está ante la experiencia de la expulsión de la oposición de izquierda, ¿no estará Trotski tentado, ya que ha extendido tanto los límites de la dualidad de poderes, de aplicarla a sus contradicciones con el stalinismo? No, por cierto. Es claro que hablará de un Estado obrero degenerado pero no todavía de un renacimiento del Estado burgués ni de la emergencia de una "burguesía de Estado" dentro del triunfo obrero, como harán después otros analistas. La pugna interna dentro del poder soviético es dejada de lado en la exposición de la dualidad de poderes, aunque no se ve con claridad por qué no lo hizo luego de haber usado esa metáfora respecto a la evolución del poder de la burguesía, dentro ya de las revoluciones burguesas de Francia e Inglaterra. Quizá es un resultado de la debilidad objetiva, en el plano orgánico, de la oposición.

[71] *Ibid.*

Más importante todavía es el desarrollo que hace Trotski acerca de la inversión en el equilibrio interno de la dualidad de poderes, que también puede llamarse el principio del desarrollo quebrado de la revolución y la contrarrevolución. La política, ya lo dijo Lenin, no es como la Perspectiva Nevski. Se refiere Trotski a las resoluciones del VI Congreso, en las que se afirma que, "como resultado de los acontecimientos de julio, fue liquidado el poder dual, siendo sustituido por la dictadura de la burguesía".[72] Se pregunta él "por qué, si el poder pasó enteramente en julio a manos de la pandilla militar, ¿por qué esa misma pandilla tuvo que recurrir a la sublevación en el mes de agosto?".[73] Para él, las resoluciones del VI Congreso exageraron la situación por razones prácticas, "pero el análisis histórico no necesita para nada de las exageraciones de la agitación".[74] Esto significa, más o menos, que lo resuelto por un Congreso se refiere o remite a la política que lo rodea; pero es falso hacer historia en torno a las resoluciones de los congresos ni los discursos de los dirigentes.

Lo que había ocurrido es que el "poder efectivo" pasó a manos del gobierno oficial pero sin destruir la dualidad de poderes.[75] Lo que quiere

---

[72] *Ibid.*
[73] *Ibid.*
[74] *Ibid.*
[75] "Si hemos calificado de poder dual un régimen en que el gobierno oficial tenía en sus manos en el fondo una ficcion del poder, mientras que la fuerza real estaba en manos del soviet, no hay motivo alguno para afirmar que el poder dual quedó liquidado desde el

decir que la dualidad de poderes puede invertirse en su correlación de fuerzas sin que por eso sea suprimida. La inversión es resultado de la capacidad que tiene de sobrevivir como antagonismo (reproducirse como antagonismo) aunque sustituyendo a los sujetos del antagonismo. En cada escala la encontraremos cada vez más desnuda y atroz, cada vez menos formal e institucional. Tal es el sentido de las afirmaciones siguientes: "La revolución triunfa tan sólo a través de una serie de reacciones internas".[76] "El poder dual dejó de ser 'pacífico', de estar regulado por un sistema de contacto. Se tornó más subterráneo, descentralizado y explosivo. A fines de agosto, el poder dual oculto se convirtió de nuevo en una dualidad activa." [77] La inmersión y la actividad, el paso fulminante del "poder efectivo" de un polo al otro, la reacción y la revolución, el flujo y el reflujo de las masas, se suceden en períodos cada vez· más breves de tiempo, precisamente señalando la aproximación del tajo. Es la manera que tiene de suceder la historia, porque "la política no tiene que ver nada con las matemáticas".[78]

TIPOS DE PODER DUAL EN TROTSKI

Ahora es posible explicar por qué se habla de la dispersión o disolución del concepto de dualidad

momento en que pasó del Soviet a la burguesía parte del poder efectivo." Cf. Trotski, *Historia de la Revolución rusa, op. cit.*
[76] *Ibid.*
[77] *Ibid.*
[78] *Ibid.*

de poderes en Trotski. Para Lenin, desde luego, no había otra dualidad de poderes que la que él había conocido en la experiencia rusa. Eso es resultado de su concepto acerca de la "peculiaridad esencial", etc. En una primera enumeración, encontramos en Trotski, en cambio, por lo menos seis formas de dualidad de poderes. A saber:

a) la que se produce al nivel de los órganos de la economía;

b) dualidad de poderes en el grado de los órganos políticos periféricos;

c) dualidad de poderes que se produce en la relación lucha-coexistencia entre fracciones de clase, es decir, dualidad de poderes interna a la clase dominante.

d) dualidad de poderes en los órganos políticos superiores o dualidad estatal propiamente dicha,

e) forma geográfica territorial y

f) dualidad de poderes semifantasmal o falsa dualidad.

LA TEORÍA DE LA FÁBRICA Y EL PODER DUAL

Sobre la primera: "A partir de la aparición del comité de fábrica, se establece de hecho una dualidad de poder. Por su esencia, ella tiene algo de transitorio porque encierra en sí misma dos regímenes inconciliables: el régimen capitalista y el régimen proletario".[79] Inconciliables, empero, no significa inmediatamente excluyentes. Si la dualidad tiene ese fundamento, puede prolongarse mucho en el tiempo. Durante un largo plazo, en efecto, el capitalis-

[79] Cf. Trotski, *La agonía mortal del capitalismo,* etc. *op. cit.*

mo naciente "convivió" con el feudalismo; se puede decir incluso que no habría sido posible sin ciertas protecciones que le dio esa fase del feudalismo. La socialización de la producción en el capitalismo, por otra parte, tiene un doble contenido: por un lado expresa el carácter mismo del capitalismo; por el otro, ya es el signo material que anuncia el advenimiento de un sistema futuro. Pero, a continuación, Trotski mismo limita los alcances de aquella primera definición, tan general. La importancia de esta forma radicaría en la preparación, sería una provisionalidad: "La principal importancia de los comités de fábrica consiste precisamente en abrir un período prerrevolucionario, ya que no directamente revolucionario, entre el régimen burgués y el régimen proletario".[80]

Al deliberar acerca de esta forma uno no tiene más remedio que recordar las páginas en las que Marx describió a la fábrica a la vez como el punto más alto del capitalismo y como el lugar en que los obreros hacen su primera experiencia socialista o protosocialista. "La clase obrera —escribió— cada vez más numerosa y más disciplinada, más unida y más organizada por el mecanismo del mismo proceso capitalista de producción. El monopolio del capital se convierte en grillete del régimen de producción que ha crecido con él y bajo él. La centralización de los medios de producción y la socialización del trabajo llegan a un punto en que se hacen incompatibles con su envoltura capitalista."[81]

Pero el comité de fábrica es la escuela del soviet y la dualidad de poder que manifiesta es el camino de la construcción del poder dual estatal, que

[80] *Ibid.*
[81] Cf. *El capital*, t. i.

será ya "el punto culminante del período de la transición".[82] ¿A qué transición se refiere Trotski aquí? Podría suponerse que, dentro de la teoría de la fábrica, de la premonición de la gran industria, siguiendo el razonamiento de Marx, toda formación social no sólo contiene en su seno resabios de modos de producción pasados, debajo de un modo de producción dominante, sino también elementos de modos de producción futuros. El presente contendría así los pasados del hombre y otorgaría ya las señales de su futuro. Pero es lógico pensar que Trotski se refiere más bien a la transición en la conquista de los instrumentos a través de los que se administrará la instancia política, en la superestructura. Estamos dentro de la autonomía de la política, en la zona que fundó Maquiavelo.

EMBRIONES DEL "RÉGIMEN PROLETARIO"

Esto mismo fue dicho por Gramsci pero de una manera más completa que la que encontramos en Trotski. El partido mismo desde un principio sería "un Estado en potencia que va madurando, antagonista del Estado burgués".[83] "Una clase políticamente dominante, por otra parte, puede conquistar la hegemonía antes de la conquista del poder político." [84]

Tanto en Trotski como en Gramsci se puede ver cómo existe un germen de régimen proletario, es decir, de socialismo, incluso en fases muy tempranas de la disputa del poder político, en los sindicatos (porque el sindicalismo es también una polí-

82 Cf. L. Trotski, *La agonía*, etc.
83 Cf. Gramsci, *op. cit.*
84 *Ibid.*

tica),[85] en el partido (Gramsci), en el comité de fábrica, en el soviet.

El régimen proletario comienza a existir y a organizarse como sistema desde el momento más precoz. En las organizaciones revolucionarias y en las organizaciones elementales mismas pero, desde luego, ya netamente, en los actos de poder llevados a cabo por la clase obrera. De esta manera, la existencia de una dualidad de poderes a niveles más amplios (estatal o geográfico) no sería, en el fondo, sino el crecimiento o la exteriorización de aquella dualidad de poderes inicial y esencial, instalada en la vida pequeña de las gentes. Desde el momento en que la organización no reconoce otra ley que la propia se otorga una suerte de soberanía inconclusa, está desconociendo y desacatando a la soberanía enemiga. Por tal vía, la revolución sería sólo una traslación desde la conciencia de las gentes a la realidad de la vida; pero el "régimen proletario" ya habría existido mucho antes, en la vanguardia, cuando la conciencia puede expresarse en sus primeros actos de poder.

Conviene discriminar entre unos casos y otros. Por ejemplo ¿en qué momento el sindicato se transforma de escuela de poder en órgano de poder? Y aún, ¿se convierte alguna vez realmente en órgano de poder? Para Lenin fue siempre un órgano de reserva y una "correa de trasmisión".[86] Su papel era

[85] Cf. ¿Qué hacer?

[86] "Los sindicatos, que abarcan a todos los obreros industriales, son una organización de la clase dirigente, dominante, gobernante, que ha establecido ahora una dictadura y que, a través del Estado, ejerce la coerción. Pero no es una organización estatal, ni una organización destinada a la coerción, sino a la educación... es una escuela: una escuela de gobierno, una escuela de

59

tanto más relevante cuanto más sectores atrasados existieran en el seno de la clase obrera. Trotski oscilaba entre una cierta negación o disminución· del papel de los sindicatos y la idea de que, en determinadas circunstancias, el sindicato podía ser o convertirse en una especie de soviet, según la historia local que hubiera seguido (lo dijo en relación con Alemania).[87] Si las cosas discurren normalmente, en efecto, el sindicato debería ser el lugar donde la vanguardia obrera se encuentra con los sectores atrasados de la clase y los educa. Pero, en otras circunstancias, el sindicato puede ser también un escenario: puede ser que, en lugar de encontrarse, disputen en su seno los sectores avanzados y los sectores atrasados de la clase. De alguna manera, sin duda, la lucha de clases tiende a reproducirse en el interior de cada una de las clases y en este sentido el proletariado tampoco tiene por

administración, una escuela de comunismo. Los sindicatos están situados, si cabe expresarse así, entre el partido y el gobierno." "Los sindicatos son un vínculo entre la vanguardia y las masas... son una 'reserva' del poder estatal." "No se puede ejercer la dictadura del proletariado a través del proletariado organizado en su totalidad. No puede funcionar sin una serie de 'correas de trasmisión' que van de la vanguardia a la masa de la clase avanzada, y de ésta a las masas trabajadoras." Cf. Lenin en *Los sindicatos, la situación actual y los errores de Trotski*, en *Obras completas*, t. xxxv.

[87] "En este país se crearon varias veces soviets como órganos de la insurrección, del poder... sin poder... Como ya se habían convertido los comités de fábrica en puntos efectivos de concentración de las masas revolucionarias, los soviets habrían desempeñado en el período preparatorio un poder paralelo al de esos comités y no tendrían sino una forma sin contenido." Cf. L. Trotski, *Lecciones de octubre*, Biblioteca Proletaria, Buenos Aires, Argentina, **1971.**

qué ser una excepción. Las cosas se complican. Puesto que hay sectores proletarios que no desarrollan su ser proletario (ya que la extracción es apenas un punto de partida) es lógico que, antes de salir de la clase a la construcción de la dictadura del proletariado sobre la sociedad entera, es preciso que la vanguardia (que es la única que es históricamente proletaria, porque en ella se ha producido la fusión entre la ideología proletaria y la condición proletaria) imponga previamente su predominio dentro de la misma clase.

EL RÉGIMEN PROLETARIO EN EL SENO DE LA DEMOCRACIA BURGUESA

Si tal cosa vale para los sindicatos, vale doblemente para el partido. En apariencia, todo debería ser aquí más simple puesto que debería ocurrir por debajo de la ideología proletaria. Sin embargo, el trato en el partido ya se hace en contacto con hombres de un origen distinto de clase, con los intelectuales, que son los portadores de la teoría marxista y, por lo mismo, también sus principales distorsionadores. Sencillamente, un partido no puede convertirse de modo real en partido obrero sin grandes luchas y sin atravesar por enormes peligros; los intelectuales traen a la vez el socialismo científico y los mecanismos de conservación y defensa de una sociedad que no los oprime como a los obreros. Se hace imprescindible que la "fusión" se haga de un modo exacto; pero el partido que no se ha proletarizado con carácter previo, es decir "internamente", mal puede pensar en realizar externamente la dictadura del proletariado. Para decirlo de otro

61

modo, la dictadura proletaria debe existir primero dentro del partido para poder salir a la sociedad como conjunto. Sólo en este modo de ver las cosas, considerando a los sindicatos o a los partidos como síntesis *sui generis* de las sociedades, puede pensarse en ellos como experiencias estatales de tipo primario, y ni Gramsci ni Trotski pueden haberse referido a otra cosa. En todo caso, para el militante revolucionario la soberanía no está en el Estado burgués sino en su partido; el partido es el lugar donde se espera y se prepara la destrucción de la soberanía opuesta a él. No puede llamarse a tal hecho dualidad de poderes sino de un modo figurativo o anticipado. Sin embargo, hay una medida en que uno pertenece a lo que niega o, dicho de otra manera, se necesita estar dentro de lo que se niega. En Gramsci, en efecto, si bien el partido debe ser ya un Estado en potencia, puede serlo sólo sobre la base de la elaboración o reconstrucción de una tendencia de las masas que no puede existir ni en el partido mismo ni en el sindicato.

"El proceso real de la revolución proletaria —ha escrito— no puede identificarse con el desarrollo y la acción de las organizaciones revolucionarias de tipo voluntario y contractual, como son el partido político y los sindicatos de oficio, organizaciones nacidas en el campo de la democracia burguesa, nacidas en el campo de la libertad política como afirmación y como desarrollo de la libertad política." [88]

Nacidos ambos en la democracia burguesa, aun negándola pertenecen en cierto grado a ella y la reproducen. "Dichas organizaciones no encarnan ese proceso, no rebasan el Estado burgués." [89] En cam-

[88] Cf. A. Gramsci, *L'ordine nuovo*, Turín, 1955.
[89] *Ibid.*

bio, "el proceso revolucionario se realiza en el campo de la producción en la fábrica, donde las relaciones son de opresor a oprimido, de explotador a explotado, donde no hay libertad para el obrero ni existe la democracia".[90] Por tanto, "toda la clase obrera, tal como se encuentra en la fábrica, comienza una acción que tiende a desembocar necesariamente en la fundación de un Estado obrero". El Estado proletario no existirá realmente sino a través del partido, o sea la conciencia; pero "el espíritu estatal" es un instinto de la clase: "La clase obrera tiende con todas sus fuerzas, con toda su voluntad, a fundar su Estado".[91]

Como ocurre con tantos de sus textos, la tentación de prolongar el razonamiento de Gramsci es inevitable. A decir verdad, ¿no será legítimo decir que mientras más existe la democracia burguesa, mientras más se haya realizado, menos tenderá el partido (o el sindicato) a sentirse independiente de ella? Sería natural que se sienta más "cómodo" en ese ambiente en la misma medida en que es más hijo de él, mientras menos resistencias haya encontrado. Bien evidente es que sin un *minimum minimorum* de libertad difícilmente existirían ni sindicatos ni partidos. Pero si la democracia burguesa se ha dado en un grado mínimo, el partido (o el sindicato) nacerá contra ella, desde el principio contradiciendo la voluntad del Estado. Es muy distinto un sindicato en Bolivia, donde ha nacido *contra* el Estado, que en el Brasil, donde ha sido creado *desde* el Estado.[92] Por eso puede decirse que una

90 *Ibid.*
91 *Ibid.*
92 Como hecho masivo, la organización de sindicatos

clase obrera tenderá más a construir su propio Estado mientras más haya sentido como a su enemigo al Estado vigente.

OTRAS FORMAS DE PODER DUAL

Luego de esta digresión, debemos volver a Trotski. Aunque hemos hecho un mayor hincapié en la forma de dualidad de poderes señalada, es posible añadir algo sobre otras. Los soviets, desde luego, "se convirtieron de inmediato en una fuerza más poderosa que todas las demás organizaciones que intentaban rivalizar con ellos (los municipios, las cooperativas, en parte, los sindicatos) " [93] y organizaron a los campesinos. Es un hecho, por otra parte, que se acusaba a los soviets provinciales de desconocer el poder central y que la "prensa burguesa a grandes gritos decía que Cronstadt, Schlusselburgo o Tsaritsin se habían separado de Rusia y transformado en repúblicas independientes". [94]

En cuanto a la dualidad de poder de tipo geográfico o territorial: "La dualidad de poderes es por esencia un régimen de crisis social: al mismo tiempo que señalar el punto culminante a que ha llegado la escisión en el país, contiene potencial o abiertamente la guerra civil". [95] Y también: "La guerra civil da a la dualidad de poderes la expresión más visible, la geográfica". Ello se ve con claridad, por lo demás, en la historia que hace Trotski sobre la

fue propiciada desde el Estado, en el régimen de Vargas, en el Brasil.
[93] Cf. L. Trotski, *Historia de la Revolución rusa*, op. cit.
[94] *Ibid.*
[95] *Ibid.*

dualidad de poderes en las revoluciones inglesa y francesa.[96] De un modo rotundo, China o Cuba dan ejemplos de tal suerte de fenómeno. Sin embargo, como se verá más adelante, los requisitos para una verdadera dualidad de poderes no se conforman con una mera partición territorial.

Respecto al poder dual semifantasmal o falso poder dual, como hemos tenido ocasión de ver, Trotski no le asigna sino un carácter reflejo: sirve solamente como apariencia para esconder una dualidad de poderes "verdadera", que no ha podido expresarse todavía. Pero es algo que sólo puede conocerse *a posteriori;* de otro modo, la encontraríamos en cada contradicción aparente, como el anuncio de un doble poder todavía inédito.

Es sorprendente en cambio el contenido de dualidad de poderes que Trotski otorga a las contradicciones entre las fracciones de clase o entre las tendencias políticas dentro de la clase. Incurre, al hacerlo, en una contradicción. En principio, él mismo había sostenido, por ejemplo, que "la coexistencia del poder de los junkers y el de la burguesía —lo mismo bajo el régimen de los Hohenzollern que bajo la República— no implica dualidad de poderes, por fuertes que sean, a veces, los conflictos entre las dos clases que comparten el poder: su base social es común y sus desavenencias no amenazan con dar al traste con el aparato del Estado".[97] Ésta es una descripción correcta porque de ella se deriva que no hay dualidad de poderes en el seno de un mismo tipo de Estado.

Trotski resulta desconcertante cuando escribe a

[96] *Ibid.*
[97] *Ibid.*

continuación que "después del licenciamiento de los regimientos más revolucionarios y del desarme de los obreros [en julio] existía el poder dual, pero no ya el poder dual legalizado [sic], de contacto o coalición, de los meses anteriores, sino el poder dual de dos camarillas, la militar-burguesa y la conciliadora, las cuales se temían mutuamente, bien que al mismo tiempo se necesitasen".[98]

Lo mismo cuando habla de las contradicciones entre los burgueses pobres y los burgueses ricos en la revolución burguesa en Inglaterra o entre las capas inferiores del tercer Estado (la Comuna) y los representantes oficiales de la nación burguesa en Francia, pensándolos casos típicos de poder dual.

DILUCIÓN DEL CONCEPTO EN LA TEORÍA TROTSKISTA DEL PODER DUAL

Tras este fatigoso recuento, estamos en condiciones de aproximarnos a ciertas conclusiones. En primer término es incorrecto afirmar que el concepto de la dualidad de poderes pertenezca, como una contribución específica, al pensamiento trotskista.[99] Trot-

[98] *Ibid.*
[99] "Se puede decir que la dualidad de poderes es parte de la teoría oficial de los trotskistas" (*La Revolución boliviana*). Es Lora quien sostiene tal cosa. Pero se trata de un despropósito evidente. Trotski no menciona para nada al poder dual en *1905*, escrito en 1907, ni en *Resultados y perspectivas*. Describe, sin embargo, no sin maestría, el soviet de diputados obreros de Petersburgo, lo que puede demostrarle a Lora, de una manera que se hace necesaria en extremo, hasta qué punto puede existir un soviet consumado aunque sin lograr todavía plantear una verdadera dualidad de poderes.

ski no escribió sobre el problema sino muchos años después que Lenin; al hacerlo, desvió el concepto y lo desarrolló de un modo completamente heterodoxo. Por grandes que sean los esfuerzos que uno haga por no entender de un modo formalista a Trotski resulta sin embargo ostensible que él mismo extendió tanto el significado de la dualidad de poderes como metáfora o figura de la teoría marxista del Estado que la volvió apta para comprender cualquier sociedad. Con un brillo característico, acabó por diluir un concepto que era muy preciso en Lenin.

Pasarían a englobarse dentro de la dualidad de poderes tanto los actos afirmativos de poder que corresponden a la órbita de la acción directa de las masas,[100] método esencial de la clase obrera, como los movimientos regionales de controversia del poder central del Estado (entendiendo por región social también a una clase), una situación culminante del período de transición superestructural en el aparato estatal mismo, una fase de transferencia del poder del Estado[101] y, por último, una forma material de la guerra civil.

La dualidad de poderes sería, en principio, la

Ni siquiera en *Lecciones de octubre,* libro escrito en 1924, Trotski expone realmente su teoría sobre la dualidad de poderes. Se limita a decir que la revolución de febrero estaba "desgarrada por contradicciones que se manifestaron desde un principio en la dualidad de poderes". Es la única mención que hay en el texto. En lo demás, nos remite a un pie de página en el que transcribe la descripción de Lenin sobre el problema. Está pues claro que la teoría del poder dual pertenece, por prelación en el tiempo y por rigor concreto, a Lenin y no a Trotski.

[100] Las tomas de fábrica en la Argentina o Italia, por ejemplo, serían casos típicos de dualidad de poderes.

[101] Se tiene el aparato y no el poder o a la inversa.

forma estatal propia de toda crisis social, en todo
tiempo, especialmente en el prerrevolucionario; pero
también algo que existe en el medio de toda contradicción activa de la sociedad. La reducción al
absurdo de tal enumeración acaba por suprimir el
concepto. Se habrían producido casos de poder dual
en los temas de fábricas (en Argentina o Italia,
por ejemplo), en la concurrencia multipartidaria o
multiclasista de todos los estados liberales, incluso
Chile, en las guerras civiles en general, aun cuando
nada signifique en relación con el contenido de
clase del Estado.

Es claro que tampoco se puede decir que todo
ello no se funde más que en un mero análisis des-
avisado de las cosas. No es resultado de una mera
negligencia o largueza teórica en su exposición. Para
nadie es desconocido que las clases como los Estados, los modos de producción y, en fin, todas las
categorías históricas existen en la realidad antes de
que se los pueda detectar con precisión por el conocimiento científico. Las disputas en torno a la
exactitud son siempre interminables y es posible
cavilar todo el tiempo que se quiera acerca de si
el capitalismo existió en Europa en el siglo XII o
si existió en verdad sólo después de la primera
revolución industrial. Tampoco renegando a secas
contra la casuística en el análisis histórico se puede omitir su papel en la lucha contra tantas generalizaciones dogmáticas. Pero la pulverización o so-
breextensión de los fenómenos o modelos concep-
tuales de la aparición histórica termina también
por conducirnos hacia una suerte de solipsismo: la
historia deja de ser cognoscible como conjunto; hay
tantas formas de dualidad de poderes que no sabemos finalmente qué es la dualidad de poderes.

Ésta puede ser una conclusión indignante para los hagiógrafos de Trotski, que hoy son tan numerosos. Es verdad que aquí nos tropezamos con el hecho de que la riqueza de un pensamiento no es una garantía de su precisión. Se sabe también que el arte de la precisión, cuando se convierte en una manía, puede llevarnos a una aridez sociológica sin mayor destino. Por otra parte, no es el menor de los méritos de Trotski el de convocar con la abundancia de sus sugestiones al trabajo de nuevos y nuevos aspectos de la teoría. Aun en este caso, la descripción crítica del pensamiento de Trotski nos obliga a una recapitulación (es cierto que más bien escolar y elemental) de ciertos puntos colaterales.

Él escribió páginas muy ricas acerca del carácter desigual de la historia tanto en su aspecto estático u orgánico (la formación social rusa, la heterogeneidad de toda formación social), como en su prolongación en el tiempo político (la revolución permanente). No se puede decir que estas nociones arrancaran de él mismo; estaban, por el contrario, presentes o subyacentes en todo el pensamiento marxista previo. La lectura de *El desarrollo del capitalismo en Rusia* es una prueba de ello y, por otra parte, es indudable que jamás Lenin pensó que las tareas burguesas fueran la meta de la dictadura obrero-campesina. Es bien sabido, por otra parte, que quien quiera encontrar en *El capital* una descripción de la formación social inglesa estará bien servido, aunque Marx se haya fundado para escribirlo en "su hogar clásico". No obstante, aunque no hablamos ya de un modo de producción capitalista o de un modo de producción feudal como formas puras sino con fines académicos, como modelos, sin embargo hablamos al mismo tiempo de Estado esclavista, Estado feudal, Estado capitalista, etc. ¿Es que los mencionamos también como meros modelos? Se supone que tales designaciones se fundan, en principio a lo menos, en una correspondencia de la superestructura jurídico-política con el modo de producción al que pertenece. Pero, puesto que se ha resuelto que la formación social es lo real y el modo de producción el modelo, ¿significará eso que hay una superestructura "pura" (no compleja) basada en una formación social impura, compleja de por sí?

Hemos de problematizar estos conceptos, estos mojones explicativos. Por cuanto toda formación social implica un desarrollo desigual, combinado, híbrido o mixto de la base económica, por consiguiente, en todos los casos es siempre una formación social de transición. En cada formación social se combinan el pasado y el futuro. En este sentido, se puede decir que la burguesía es la única clase presente y que, mientras el pequeño productor campesino o el pequeño burgués urbano son clases que vienen del pasado, que sobreviven a la sociedad a la que pertenecieron, el proletariado por el contrario, en su doble carácter de integrante del capitalismo y a la vez portador de un nuevo régimen de producción y de una nueva sociedad (ya incubándose en la socialización de la producción) es, por consiguiente, una clase que pertenece al futuro. ¿Cómo se expresa esta convivencia dificultosa no sólo de modos de producción y hasta de fases históricas como también de las clases que los contienen, en la vida del Estado? La explicación es sabida: porque no

70

hay una correspondencia lineal entre la base económica y la superestructura jurídico-política. La desarticulación aparente entre una zona y la otra, el hecho de que el Estado esté casi siempre por delante o por detrás de la base económica, no demuestra su separación sino el modo diferido de su correspondencia. Es la búsqueda de una correspondencia y la existencia real de una correspondencia sólo circunstancial; pero esta falta de adecuación no puede confundirse con un fracaso en la determinación económica en la ultimidad histórica. La autonomía de la superestructura debe fracasar finalmente como autonomía y ser sometida por su causa final, que es infraestructural.

CUESTIÓN DEL MOMENTO DE LA CONSTRUCCIÓN DE LA CLASE

Mientras la monarquía permitió su desarrollo, por ejemplo, la burguesía inglesa no se vio en el apremio de hacerse directamente del poder; *no deseó el poder hasta que el poder le obligó a que lo deseara.* Sólo cuando el Estado vino a obstaculizar su desarrollo debió imponer su predominio económico también en el aparato político superior. En este caso, como en todos los del tipo, hemos de distinguir varias etapas. Primero, desde luego, la clase debe existir materialmente. El desarrollo de las fuerzas productivas debe dar lugar ya a que la clase exista con una fisonomía determinada (aunque inconclusa). *El sujeto debe existir antes que su poder.* Pero si la clase pudiera proseguir su crecimiento dentro del cuadro político existente de una manera indefinida, entonces no habría necesi-

dad de las revoluciones. Sería una clase conforme
con su falta de poder político. Porque eso no puede ocurrir, en determinado momento, es necesario
que la superestructura política pase a manos de
dicha clase y ahora el Estado, una vez conquistado, permite acelerar la construcción de la clase a
plenitud. La sociedad llega a ser plenamente burguesa sólo después de que la burguesía toma el
poder (aunque por debajo de todo el paramento
criptofeudal) y la burguesía no adquiere su carácter final sino cuando se ha apoyado en el Estado, que ahora es la fuente de la reproducción
de su sistema. Cuando la burguesía inglesa tomó
el poder, ya el capitalismo era predominante en el
seno de la sociedad inglesa y la propia aristocracia se había convertido a la vez a la religión pro-
testante y al sistema capitalista. Hay algunos indi-
cios no tan secundarios de que la flexibilidad con
que la aristocracia se incorporó al capitalismo acabó por aristocratizar la forma del aparato estatal
inglés. Ésta es, de todos modos, la forma normal
de hacerse del poder: la clase es previamente dominante; no hace después sino imponer el fondo
de las cosas a la forma de su poder, avasallando a
sus rivales u obligándolos a reconstruirse a su semejanza. Pero no hay duda de que se trata de
la más extraña mutación en la historia del mundo,
del caso en que un mismo núcleo dominante se
transfiere de una clase a otra. Esto, sin embargo,
que parece un gran éxito de la aristocracia, puede
ser también pensado por su reverso. El precio que
pagó la burguesía por ese exceso de su propia victoria fue el no poder imponer todas las formas
burguesas a su poder real. Para lo que importa
en este ensayo, lo que es significativo es que la

burguesía no se convierte de clase en sí a clase para sí sino cuando *se dispone* al poder o lo toma de hecho para construirse a sí misma.

MOMENTO DE LA SOBREDETERMINACIÓN

Dicha lógica tiene sus propias argucias o prolongaciones. Si es verdad que el Estado es la "síntesis de la sociedad" y si en efecto la base económica determina a lo último a la superestructura política, debe haber un Estado complejo pertinente. Después vamos a ver cómo el sistema estatal puede ser más progresista que la base económica a la que, sin embargo, debe pertenecer o corresponder en último término. Por lo pronto, sin embargo, ha de decirse que la forma del poder político está sin duda señalada, condicionada y determinada por el tipo de complejidad de la formación social, por su modo de combinación o articulación interna. Esto sin duda vale de un modo considerable para lo que podemos llamar el Estado subdesarrollado, es decir, el Estado que corresponde al capitalismo dependiente. Cada formación social tendrá así una clase de determinación particular, según las variaciones de su entrecruzamiento entre los modos de producción; pero también cada Estado tendrá, en la superestructura, un modo característico de recibimiento de la determinación. Finalmente, cada superestructura desarrollará una diferente capacidad de réplica o retorno.

A reserva todo ello, como es natural, de ser una obviedad total. Que el mundo es complejo (y que las fomaciones sociales deben serlo también, por tanto, dentro de él) es una verdad muy conocida por

73

las generaciones de los hombres y es poco lo que se nos revela cuando se nos obsequia cuasi-tratados para demostrarlo. Pero la única manera de no hablar generalidades pedantescas e inutilizables es referirse a una complejidad concreta, a los casos específicos de acumulación, articulación, determinación y sobredeterminación. Son los que no conocen la historia los que se aficionan a los modelos puros.

Eso puede hacerse, como queda dicho, sólo en relación con una sociedad determinada. El problema de la sobredeterminación en esa sociedad, con todo, es algo que requiere un análisis que ya no pertenece con exclusividad al campo de los estudios estructurales sino que está comprendido dentro del pensamiento de la táctica, considerando que la praxis es el instante superior de la táctica. De ahí que resulte tan neurálgica la cuestión del *momento* de la sobredeterminación. Es una petición de principio el saber que la réplica de la superestructura no es siempre posible en la misma medida en todos los momentos.

Pero la crisis es la forma más extraordinaria de la unidad o, si se quiere, la crisis es una forma violenta de unificación y por eso la sobredeterminación tiene que ver con la unidad nacional o nacionalización (unidad estática) y con la crisis (unidad de emergencia). Es la crisis, por ejemplo, la que hace posible una alianza de clases que no sería viable en la normalidad. En ese momento se hacen las clases atrasadas menos prisioneras de sus prejuicios y más sensibles a la organización de sus derechos; eso las hace comunicables con clases que de otra manera les resultarían remotas. En su fase estática, en efecto, lo que prima es el criterio de la diferenciación (varias regiones, clases que expre-

74

san diferentes modos de producción, etc.). En la crisis, la convocatoria o motivación esencial convierte a las normas diferenciadoras en algo residual.

Jamás está en efecto tan unificada la sociedad como en el momento de su intensidad; la comunicación entre las clases y las regiones económicas se hace velocísima en medio de la crisis *nacional general*. Entonces, hasta el más remoto leñador sabe lo que sucede en el mundo; las circunstancias no le permiten no participar y la inercia, que se expresa en cambio tan fácilmente en una elección votada, se ha hecho imposible.[102]

PODER DUAL, CUESTIÓN NACIONAL, ALIANZA DE CLASES

En igual forma en lo que se refiere a la construcción de los Estados nacionales. Aquí, mientras más retraso hay en la formación de la unidad nacional, más posibilidades de que los resabios o resacas, aunque subsistiendo por debajo de un modo de producción dominante, se mantengan sin embargo relativamente aislados. En este sentido, es verdad que todo Estado tendrá dentro de sí y no sólo en las épocas críticas una cierta dualidad de poderes. La situación de crisis prerrevolucionaria no haría sino que aflore la deblez esencial de ese tipo de Estados los Estados abigarrados.

La dualidad de poderes concebida así está profundamente vinculada con la cuestión nacional y de este modo, que corresponde tanto a las observaciones de Trotski como a las de Gramsci, todo acto de organización o independencia o afirmación ex-

[102] Esto merece tratarse más extensamente. Esperamos hacerlo alguna vez.

terna (de aseidad) sería ya un embrión estatal si existese en manos de la clase que controvierte a la que detenta el poder. Ello es más posible mientras menos unificada esté la formación social porque allá, cuanto menos integrada, la clase dominante del sector no integrado tendrá en mayor medida eso que se puede llamar un "descontento de poder". Pero otorgar a los hechos embrionarios un carácter de categoría tiene sin duda el riesgo de oscurecer un concepto específico.

Las cosas deben explicarse de otra manera. El desarrollo de las fuerzas productivas dio lugar en Rusia a que tanto la burguesía como el proletariado pudieran desarrollar su fisonomía como clase. Pero la supervivencia del Estado autocrático zarista impidió que la burguesía se desarrollara como "clase estatal" (es decir, a plenitud) y en cambio el proletariado desarrolló de un modo culminante eso que Gramsci llamó el "espíritu estatal". Dos estados, si se quiere, preexistían en el seno mismo del derrumbe del Estado autocrático zarista. Los dos aparecieron a la luz en febrero, los dos eran minoritarios y entraron a disputarse el *quantum* campesino. La "crisis nacional general" y la táctica leninista permitieron que los bolcheviques se apoderaran de ese *quantum* y así fue posible primero el poder democrático de los soviets y después la transformación de la revolución democrática en revolución socialista. Esta suma de acontecimientos estaba determinada por el nivel de desarrollo de las fuerzas productivas en Rusia pero sólo en un grado relativo. En realidad, la burguesía no pudo ya construir su Estado y el proletariado pudo hacerlo porque la lucha se perdió y ganó respectivamente no en la base económica sino en la zona de la superestructura, en el campo de la política librada como autonomía.

Porque, si una formación social compleja diera lugar a un Estado igualmente complejo, ¿cómo podríamos explicarnos la existencia de un aparato estatal complejo en Inglaterra, donde, como contraparte, el modo de producción capitalista se dio casi puramente? Por el contrario, en Francia, donde la formación social tuvo que considerar la supervivencia de la pequeña producción agraria, sin embargo el aparato estatal se hizo más formalmente burgués.[103] Tal es la causa por la que esta forma de abigarramiento en el Estado ruso del 17 (la dualidad de poderes) no puede ser explicada como una mera derivación del abigarramiento en su formación social. *Mutatis mutandis*, asumiendo proporciones y distancias, se puede decir que el caso de Francia se reproduce en Chile, de un modo que se verá de inmediato. Vamos a ver también entonces cómo el desarrollo de la noción de independencia del Estado, que propuso Marx, es un concepto capital para arrojar claridad sobre la discusión que nos preocupa.

---

[103] Un caso aún más extremo del aparato estatal formalmente desarrollado, rebasando a su base económica, es el de Chile, como se verá más adelante.

LA DUALIDAD DE PODERES EN BOLIVIA

> El mero hecho de que toda revolución produzca
> el órgano de lucha del proletariado entero, capaz
> de desarrollarse hasta ser órgano estatal, el con-
> sejo obrero, y de que lo produzca de un modo
> cada vez más radical y consciente, es, por ejem-
> plo, una señal de que la conciencia de clase del
> proletariado se encuentra en este punto en situa-
> ción de superar victoriosamente la naturaleza bur-
> guesa de su capa dirigente.
>
> G. LUKÁCS, *Historia y conciencia de clase*

Jamás en la América Latina se ha producido una
situación histórica tan próxima a la dualidad de poderes en la Rusia de 1917 como en Bolivia en 1952.
Si se retrocede a los días posteriores al 9 de
abril de aquel año la imagen misma del escenario,
el acontecimiento y su contenido político son asombrosos. En una batalla que tuvo en proporción dimensiones enormes, el ejército ha sido vencido, materialmente disuelto y desarmado. Una guardia de
obreros fabriles hace guardia ante el Palacio Quemado. En esta retrospección perpleja, lo sobresaliente es
que se trata de un hecho sin antecedentes en la
América entera, hecho además que no tendrá repe-
tición hasta que el ejército rebelde derrote a Batista.
Es todo el llamado Estado oligárquico minero-feudal [1] el que se ha derrumbado a través de la derrota

[1] Se hablaba entonces de la feudal-burguesía y también
del Estado minero-feudal. En rigor, empero, no existía

de su núcleo represivo y existencial, tras una batalla de tres días que, sin embargo, fue el remate
de luchas sociales que abarcaron por lo menos todo
el decenio anterior. La distribución de clase de los
combatientes de aquel encuentro debe ser materia
de otro estudio. Para los efectos de este ensayo
basta con decir que, si bien la pequeña burguesía
urbana y el lumpenproletariado de la ciudad de La
Paz han concurrido al combate, el centro orgánico
de los vencedores está constituido por hombres de
la clase obrera, fabriles y mineros. El ejército se
rindió formalmente en Laja, por medio del general Torres Ortiz, pero estaba vencido irremedia-
blemente bastante antes. Lo que los dirigentes del
MNR[2] habían concebido como un golpe de Estado
se había convertido, merced a la acción espontánea
de las masas, en una insurrección popular, la primera triunfante en la América Latina. Ellos mismos
no comprendieron jamás la grandeza del acontecimiento que vivieron, lo que suele ocurrir a hombres
convencionales puestos en medio de acontecimientos
supremos. El carácter espontáneo del movimiento
de masas se mantendrá implantado en el modo de
ser de los obreros y los campesinos durante mucho
tiempo. El espontaneísmo por eso —porque se fundó en un punto de la mayor autenticidad y pro-

feudalismo en Bolivia sino formas precapitalistas com-
binadas de un modo *sui generis,* por debajo del capitalismo dependiente y al servicio de él, incluso como
parte de él. La definición aquella cumplió un papel
político pero hay que convenir en que no es rigurosa.
  2 Siles Zuazo y Lechín habían conspirado con el ministro de Interior, general Seleme. Esperaban quizá alguna escaramuza pero no, de ningún modo, una insurrección como la que se desató, con características totalmente espontáneas.

fundidad— sigue siendo hasta hoy el carácter·principal del movimiento de masas en Bolivia.[3]

EL MNR Y LA CLASE OBRERA

Veamos por qué se habla de dualidad de poderes a partir de ese acontecimiento. Como en Rusia en 1917 con la autocracia zarista, después del derrumbe del Estado oligárquico llegaron al poder a la vez dos fuerzas: el MNR, que era el partido portador de la revolución burguesa, y la clase obrera, que no tenía su propio partido y que fue, en cambio, la que posibilitó materialmente el triunfo del MNR.[4]

Es el tiempo el que ha justificado tal diferenciación porque, aunque en su interior convivieron las más encontradas tendencias, el rostro que adquiere históricamente un partido es uno solo: el de su sector finalmente predominante.[5] En el caso

[3] La fuerza del elemento espontáneo, su primacía, es el carácter principal del movimiento de masas en Bolivia. Mientras más próximas han sido las organizaciones a dicha tendencia espontánea, más éxito han logrado. Las organizaciones elementales de las masas son, por eso, quizá las más vivientes entre todas las formas organizativas en el país (sindicatos, centrales, etc.), pero se debe reconocer que al precio de servir al carácter que ha adquirido la masa.

[4] No significa eso que la burguesía militara en el MNR. Por el contrario, en determinado momento, casi toda la clase obrera y todo el campesinado estaban dentro de ese partido. Su dirección era de extracción pequeñoburguesa. Sin embargo, el contenido histórico del movimiento era típicamente burgués.

[5] Las corrientes radicales dentro del MNR subsistieron mucho tiempo y éste es un aspecto que, ahora que el MNR (Paz Estenssoro) se ha aliado al fascismo, se tiende a omitir.

80

del MNR, era por eso el partido que históricamente representaba los contenidos de la revolución burguesa en Bolivia.

En torno al MNR se producen dos hechos realmente clásicos. No hay duda ninguna de que reclutó a la inmensa mayoría del país, y hasta los que fueron sus más sistemáticos adversarios han reconocido que "fue indiscutiblemente el más grande partido popular que ha conocido Bolivia".[6] Desde un punto de vista superficial, se podría alegar incluso que la clase obrera militaba en su mayoría en el MNR y que, en ese sentido, éste era el partido de la clase obrera. Es un hecho, por otra parte, que los obreros cuando ingresan en masa a la política lo hacen por medio del MNR. Si la visión es mecánica el MNR era, en efecto, el partido de los obreros; pero, históricamente, es decir, en cuanto a su contenido, es un absurdo decir que fuera así. Ni en su práctica ni en su teoría ese partido contenía a la ideología del proletariado[7] y, por el contrario, por debajo de una presentación etapista de la revolución, exornada con cierta jerga marxista, se revelaban finalidades históricas que eran específicamente burguesas.[8]   El MNR era el partido de la revolución democrático-burguesa en Bolivia, fue el creador del actual Estado burgués boliviano (que no tiene nada que ver con el anterior) y fracasó al intentar llevar a cabo esa revolución con mé-

[6] Cf. G. Lora, *De la asamblea popular al golpe del 21 de agosto.*

[7] Eso puede verse en sus propios documentos fundamentales. El primero de ellos, redactado por José Cuadros Quiroga, era una brillante convocatoria nacionalista pero nada más.

[8] El más elocuente de los ejemplos demostrativos de la visión etapista del MNR es el Manifiesto a los Elec-

todos populistas, es decir, con los métodos burgueses de ese momento (en el que la burguesía sabía por supuesto que contenía los intereses de todas las clases).

Es cierto que la burguesía propiamente tampoco militaba en el MNR (aunque sí lo hiciera la clase obrera), pero éste no es el primer caso en que una clase realiza los ideales y los objetivos históricos de otra. No es, en verdad, imposible y, por el contrario, ha sucedido muchas veces que una clase social sirva como protagonista de la conquista de un poder que, administrado por otra, sirve finalmente a las necesidades históricas de una tercera.[9] En Bolivia, la clase obrera conquistó el poder, cuya administración quedó a lo último (tras las alternativas iniciales del poder dual y el cogobierno) en manos de la pequeña burguesía, que sirvió a los fines históricos de la burguesía; burguesía que, por otra parte, tampoco apoyó al régimen sino en la fase de su decadencia. La pobreza de horizontes de una clase puede inducirla a oponerse a las transformaciones que la favorecen y la conducta de la esmirriada burguesía boliviana en relación con el MNR no se diferencia demasiado de la que practicaron las burguesías de Argentina y Brasil en relación con Perón y Vargas. También los industriales de Lyon eran enemigos de la gran Revolución en Francia. La pequeña burguesía, a su turno, reproduce continuamente la ideología burguesa, como lo anotó Le-

tores de Ayopaya, del que es autor Walter Guevara Arze, un documento sumamente atractivo. Su autor, convertido al final en uno de los personeros de la derecha, sin embargo utilizaba entonces cierta nomenclatura marxista.

[9] El ejemplo clásico es el del Segundo Imperio en Francia.

nin en su oportunidad.[10] El espontaneísmo, que
había creado la apoteosis de las masas, no pudo
producir sino lo que produjo. La clase obrera estaba en el MNR en la misma medida en que no
lograba desprenderse de una visión pequeñoburguesa de la historia y eso tenía su causa en el hecho
de que su impulso espontáneo no se había fusio-
nado con el socialismo científico. Es un ejemplo
típico de cómo la posición obrera, aun siendo ya
activa en la política, puede ser ajena a la ideología obrera.[11]

Tampoco puede sorprender que el partido vehículo de los objetivos burgueses triunfara movilizando
a los sectores explotados más activos. Lo mismo
ocurrió con Cromwell y de la misma manera, después de triunfar gracias a la lucha de esos sectores, se acabó por servir no a sus intereses sino a
los de la burguesía. Todo ello está dentro de la
normalidad en el modo de acontecer de una revolución burguesa. Pero el hecho de englobar a la
mayoría del país le permitía al MNR un margen de
maniobra extensísimo, incluso para que la insurrección triunfara como una improvisación. Nadie preparó, en efecto, la insurrección del 9 de abril; pero
nadie puede negar que se trató de una insurrección
popular. La ausencia del partido proletario en ese
momento, en cambio, es el mayor infortunio histórico de la izquierda marxista en Bolivia; después
se hará enormemente más difícil el encontrar la

[10] "Queda todavía en el mundo mucha, muchísima
pequeña producción, y la pequeña producción engendra
capitalismo y burguesía constantemente, cada día, a cada
hora, de modo espontáneo y en masa." Lenin, *El izquierdismo, enfermedad infantil del comunismo*.
[11] Esta distinción, en la segunda parte de este libro.

cantidad humana necesaria para el triunfo de la vanguardia obrera. Es una ley el que, mientras más se hayan cumplido las tareas burguesas, más difícil es para el partido obrero reclutar tras suyo a la mayoría del pueblo. El MNR, desde luego, dejó inconclusas gran parte de esas tareas y su revolución ha fracasado. No basta, empero, con que nosotros lo sepamos ahora; debe saberlo también la mayoría, incluso aquella que ha recibido beneficios aparentes en esa transformación. Si se analiza la cuestión campesina, por ejemplo, está muy claro que esa conciencia está todavía lejos de haberse producido.

HEGEMONÍA DE LA CLASE OBRERA EN 1952

La hegemonía de la clase obrera en los meses siguientes a la insurrección es, sin embargo, evidente. El que, aun en las condiciones internamente desventajosas que se han señalado, la clase obrera boliviana se planteara dos veces en menos de veinte años la construcción de sus propios órganos de poder estatal demuestra hasta qué punto se trata de una clase dotada de mejor sentido histórico que todas sus iguales en el continente.

"A partir del 9 de abril —ha escrito Guillermo Lora— los sindicatos más importantes tomaron en sus manos la solución de los problemas vitales y las autoridades no tenían más remedio que someterse a sus decisiones. Son estos sindicatos los que actuaron como órganos de poder obrero y plantearon el problema de la dualidad a las autoridades locales y nacionales."[12] Esto no es una mera aserción: "Di-

[12] Cf. G. Lora, *La Revolución boliviana*, Ed. Difusión, La Paz, 1964.

rectores de la vida diaria de las masas, se rodearon de atribuciones legislativas y ejecutivas (poseen fuerza compulsiva) para ejecutar las decisiones e incluso llegaron a administrar justicia. La asamblea sindical se convirtió en la suprema ley y la suprema autoridad." [13]

El ejercicio de tal "suprema autoridad" se refleja rápidamente en la nacionalización de la mayor parte de la inversión extranjera en el país y la imposición de control obrero con derecho a voto en su administración, en la prosecución del armamento de las masas, en la ocupación de las tierras a impulsos de la COB,[14] en los ministerios obreros, en fin, en toda la vida política que configura la etapa revolucionaria que se vive a partir de 1952.

La distribución de poder dentro de esa dualidad se manifiesta en la misma definición de Lora: "Las autoridades (que son, *last term*, el polo burgués) no tenían más remedio que someterse a sus decisiones". La COB, en cambio, es el activo de la decisión, "el poder político más importante" [15] y el "escenario de la disputa por el control del país".[16] La COB era sin duda un órgano estatal, un soviet. No debe sorprender su origen sindical porque también en 1905 el soviet ruso se creó a instancias del proceso huelguista. Era un auténtico órgano estatal; pero el sindicalismo será la forma de concretarse que adquirirá, en esa instancia, el triunfo sin contradictores de la corriente espontánea de las masas, en ausencia del partido obrero. Era un soviet verda-

[13] *Ibid.*
[14] Central Obrera Boliviana, organismo sindical máximo de los trabajadores, organizada en 1952.
[15] G. Lora, *op. cit.*
[16] *Ibid.*

dero. Por eso mismo, un ejemplo de cuál es el alcance de un soviet al margen de la dirección del partido proletario.

Lo que importa es estudiar cómo se produce el tránsito desde el momento en que "Paz Estenssoro no era más que un prisionero de la COB" [17] hasta

[17] *Ibid.* También dice Lora que, "inmediatamente después del 9 de abril de 1952, el MNR actuó como una minoría inoperante dentro de las organizaciones sindicales". En *Sindicatos y revolución*, La Paz, 1960.

Véase en el texto siguiente, sacado de *La Revolución boliviana*, su descripción del poder dual de ese tiempo: "*El control obrero y la dualidad de poderes*

a) La primera etapa de la revolución. Inmediatamente después de abril de 1952, los sindicatos y la Central Obrera Boliviana concentran en sus manos ciertos atributos de poder y son reconocidos por las masas como única autoridad y dirección dignas de ser obedecidas. Este fenómeno acentúa los rasgos sovietistas tratándose de las organizaciones campesinas, las que tomaron en sus manos la solución de todos los problemas de la vida cotidiana de los habitantes de una región. Con anterioridad dijimos que los sindicatos campesinos tuvieron más características de soviets (consejos) que de ninguna otra organización. Se puede decir que el poder obrero se levantaba potente frente al poder oficial. Así, todo este período está marcado por la huella indeleble de la dualidad de poderes. El primer gobierno movimientista no pasó de ser un virtual títere en manos de las organizaciones obreras pujantes y poderosas. La falta de una cabal comprensión de este proceso permitió que los sectores más radicales, inclusive aquellos que se reclamaban del trotskismo, incurriesen en el más grave error al ocultar las verdaderas proyecciones de la dualidad de poderes detrás de los esfuerzos que concluyeron limitando las funciones de los organismos obreros a la modesta función de vigilantes de la conducta gubernamental. Los hechos enseñan que el tan pregonado control sobre el gobierno pequeñoburgués se convirtió en un instrumento para que éste estrangule a las organi-

el momento en que la COB misma se convierte en prisionera del MNR, es decir, cómo se produce la resurrección del poder de la burguesía, que aparentemente no era nada en un mundo político en el que los obreros parecían serlo todo. Si se escarba algo más en la coyuntura de aquel tiempo, se debe problematizar incluso si existió una verdadera dualidad de poderes. En más de un sentido, la respuesta debe ser afirmativa. Cada polo estaba ocupado por una clase social; la dualidad se planteaba como un hecho *de facto*, el órgano estatal obrero no dependía en absoluto del polo burgués y, por el contrario, lo sobrepasaba de continuo.

PREDOMINIO DE LA IDEOLOGÍA BURGUESA EN EL SENO DE LA CLASE OBRERA

A primera vista, podía haber parecido incluso que

zaciones colocadas ante el imperativo de ejercer parte del poder. Los 'izquierdistas' ayudaron a convencer a las masas de que el MNR era su auténtico gobierno. La declinación del poder obrero ejercitado por las organizaciones sindicales coinciden con el comienzo de la momentánea depresión del movimiento revolucionario. Así la dualidad de poderes concluye con el fortalecimiento de los sindicatos. En la primera etapa de la revolución el control obrero se mueve impulsado por las masas y se convierte en un verdadero órgano del poder obrero. El control actúa como portavoz de los trabajadores, se opone al gobierno movimientista y a los excesos de la administración de las minas. Por excepción, el control, en esta etapa, coincide en su conducta con el grueso de las masas radicalizadas. Las asambleas sindicales lograron imponer su voluntad y no pocas veces las propias decisiones gubernamentales fueron desconocidas. Con todo, la forma en que funcionó en ese entonces el control obrero y las cosas que hizo constituyen una violación de los planes gubernamentales."

87

la propia invocación de la dualidad de poderes obedecía a un embeleco, a un prurito intelectualista, de filiación trotskista, dentro de la línea de la dualidad de poderes como fase necesaria de toda revolución. En ese momento, en efecto, la clase obrera dominaba el país objetivamente; su predominio era un acto material y la coerción estatal le pertenecía como un monopolio. Al no existir el ejército, uno tendería a preguntarse por qué se atendía a la ficción del poder burgués, que no tenía otro soporte que el que voluntariamente le prestaba la COB. ¿Por qué, en suma, no se tomaba el poder de una manera directa puesto que ya se lo tenía en los hechos?

Todo esto sucedía, empero, sólo en el plano de las apariencias. La burguesía tenía su propio poder impalpable y extenso. No tenía un ejército pero su hegemonía ideológica estaba intacta a través de la influencia del partido pequeñoburgués. *La ideología burguesa dominaba tanto en el polo burgués como en el polo proletario.* Aunque siguiendo el irresistible impulso espontáneo de las masas, el propio MNR como partido dominaba en último término en ambos polos. *Aquí se demuestra cómo incluso el triunfo físico de la clase obrera significa muy poco cuando no está acompañado de la imposición de la ideología proletaria.* Se ve como nunca que el alud espontaneísta de las masas produce sólo esquemas pequeñoburgueses.[18] En este sentido, todos los alardes de dominación por parte de la COB no lograban impedir que los obreros sirvieran y pertenecieran al Estado democrático-burgués que estaba naciendo. Eso demuestra que allá donde el polo proletario no

[18] *Qué hacer* y otros.

se constituye como Estado obrero, en la única forma en que eso es posible, fusionando el impulso de las masas con el socialismo científico por medio del partido, no llega a existir una verdadera dualidad de poderes. El germen de poder dual no se desarrolla jamás.

La hegemonía absoluta de la clase obrera no produjo el poder proletario, que debía transformar la revolución burguesa en revolución socialista, sino el poder de Lechín. "Lechín —lo dice el mismo Lora— encarnó el radicalismo de las masas y su influencia creció desmesuradamente: se convirtió en la voluntad omnímoda e indiscutida." [19] Lechín, se puede añadir, representaba todos los anhelos de una masa obrera a la vez victoriosa y atrasada; la mediación entre el poder y las masas que debió estar a cargo del partido pasó a manos del caudillo cuya voluntad era, es cierto, omnímoda e indiscutida, pero sólo en la medida en que no contradecía el carácter del nuevo Estado, que era un Estado burgués. Por el contrario, Lechín mismo fue instrumento fundamental para que ese Estado existiera.[20] Se vio en ese momento cómo no es posible plantear no ya la revolución socialista sino ni siquiera una auténtica dualidad de poderes en ausencia de un partido de la clase obrera que, como portador de la ideología proletaria, la infunda a las masas en movimiento. Lo que salvó al MNR, cuando aparentemente no contaba con nada, cuando no vivía sino de

[19] Cf. *Historia del movimiento obrero*, G. Lora.
[20] La propia construcción de Lechín-dirigente obrero es un acto consciente del MNR. Con ese objeto fue designado subprefecto de Uncía en 1943. Es probable que se pensara entonces en él más bien como una suerte de emisario electoral.

un poder prestado por otra clase, fue la omnipresencia de la ideología burguesa, que estaba repartida en toda la vida del país como ideología dominante, incluso en el seno de su propio poderoso movimiento obrero. En determinadas circunstancias, por cierto, el propio movimiento obrero puede ser no otra cosa que el sector más avanzado de los contenidos burgueses y ello ocurre, sobre todo, cuando no ha elaborado dentro de sí mismo su propia ideología, la visión del mundo contradictoria a la ideología dominante. En el momento, sólo se opone a la burguesía real para mejor servir a los ideales históricos burgueses.

PODER DUAL Y COGOBIERNO MNR-COB

En ausencia de un partido de características proletarias y con alcance palpable en la vida política práctica, la situación no daba objetivamente para que la revolución socialista existiera en el proletariado al mismo tiempo que la revolución burguesa en la pequeña burguesía y, por tanto, la dualidad de poderes no existió ni aun entonces sino como un embrión. Ese germen no se desarrolló por la ausencia de un elemento fundamental, que es la conciencia proletaria políticamente organizada (el partido) y con existencia previamente real por lo menos en los sectores avanzados de la masa. Los impulsos democráticos de la masa pueden ser espontáneos con éxito pero el socialismo no existe sino con la conciencia política, es decir, con el marxismo; sin eso, puede existir un soviet pero no un Estado obrero. Puesto que la dualidad de poderes en el sentido leninista es la existencia paralela de dos

90

Estados, es obvio que no existió una dualidad de poderes sino de un modo germinal.

La espontaneidad de las masas no podía plantear una verdadera dualidad de poderes, y debía producir necesariamente la degeneración de ese embrión y consagrar el poderío de Lechín. Ahora bien, la fórmula con la que existió el poder de Lechín fue la transformación del germen de poder dual en cogobierno MNR-COB.[21] Como es evidente que los trotskistas tuvieron el monopolio de la interpretación teórica en ese momento, fue otro trotskista, Ernesto Ayala Mercado,[22] el que expresó las bases de dicho cogobierno MNR-COB.

"Sobre bases sociales nuevas —escribió— surgirán en el seno mismo del frente nacionalista tendencias diversas de clase para acabar con el poder dual y establecer un régimen unitario." Adviértase que para Ayala, como para todos los trotskistas, se estaba ya en presencia de un realizado poder dual. El argumento de la *extensión necesaria* no pertenece en cambio sino a un cierto sector del trotskismo. "La necesidad de profundizar la revolución y definir el poder dual tropieza con un obstáculo central: el carácter provincial de tales revoluciones."[23]

Aunque Ayala insistía en que "la revolución debía profundizarse para subsistir", lo que ya era un equívoco,[24] sin embargo se conoce al punto cómo la teoría de que sin extensión no hay profundización

---

[21] Pero ya como una consigna oficial, como un deseo de que las cosas marcharan por los canales regulares.

[22] Del grupo trotskista que ingresó al MNR. Cf. Ernesto Ayala Mercado, *¿Qué es la Revolución boliviana?*, La Paz.

[23] *Ibid.*

[24] *Ibid.*

no sirvió sino para que la pequeña burguesía diera un golpe de mano contra el poder material de la clase obrera mediante el subterfugio del cogobierno (nunca fue otra cosa). Puesto que "sin extensión no había profundización posible",[25] la Revolución boliviana debía hacer un pacto interno de supervivencia (el cogobierno) a objeto de esperar la extensión que hiciera posible la profundización.[26]

En todo caso, la dureza de los hechos siguientes demuestra que el poder obrero era falaz. El poder material de la clase fue sustituido por la mitad de los ministerios, es decir, por la participación en un Estado que ya no era el de la clase obrera. La cob se desclasó mediante una expansión cuantitativa y no iban a pasar muchos años antes de que el ejército se reorganizara, se introdujera la ayuda norteamericana y finalmente se adoptara el plan colonialista del fmi en 1956.[27] Mientras la fórmula del cogobierno tuvo eficacia, el Estado burgués del 52 conservó características democráticas. Cuando el co-

[25] *Ibid.*

[26] Esta adoración de la extensión por parte de Ayala Mercado, que no creía que la prosecución de las tareas revolucionarias fuera posible en los límites políticos del país en que se producía la revolución, estaba lejos de ser una concepción aislada. Otro ideólogo de esta posición, de origen igualmente trotskista, Jorge Abelardo Ramos, con sus tesis acerca de la necesaria continentalidad de la revolución, dio sustento (quizá sin proponérselo) a estas claudicaciones disfrazadas de análisis. Paz Estenssoro a su turno repetía que no se podía ir más lejos por la pequeñez del ámbito del país. Las derivaciones posteriores de esa prudencia son conocidas.

[27] Ante la inflación desatada de manera fulminante, los norteamericanos, por medio de Eder, impusieron ese Plan, con el que el Estado boliviano perdió gran parte de sus atribuciones en materia de la política económica.

gobierno se agotó, el desgaste de ese Estado lo obligó a apelar al ejército, como zona de emergencia del mismo, como su punto de máxima concentración. Barrientos, con las matanzas obreras y los fusilamientos de guerrilleros, expresaba la degeneración del Estado democrático burgués del 52, cuando ya había fracasado en el cumplimiento de sus tareas.[28] Pero con cogobierno o con pacto militar-campesino, se trataba del mismo Estado. Tal es la desgraciada historia de la primera experiencia boliviana en cuanto a la dualidad de poderes.

EN QUÉ SENTIDO ES DUAL EL PODER DUAL

La anterior enumeración o descripción de la situación en Bolivia en 1952 nos obliga a preguntarnos si basta con que exista una escisión contradictoria del poder para definir la figura de la dualidad de poderes. No se trata sólo de que el poder político se divida simplemente sobre los mismos territorios y población. Ésta sería una partición aritmética. Son, en cambio, ya dos estados, dos tipos de Estado, incompatibles entre sí pero que, sin embargo, coexisten por un instante. En el caso ruso, el Estado burgués de Lvov-Kerensky y la dictadura del proletariado y del campesinado (el soviet de diputados obreros y soldados). Cada uno de los dos

---

28 1952 fue el año del auge obrero; a los pocos meses esa fase fue sustituida por el cogobierno. En 1953 comienza Paz un plan de desarrollo bajo la protección norteamericana. En 1956, Siles implanta el plan de estabilización monetaria, con derivaciones crecientemente antiobreras. En 1964, el hombre del Pentágono, Barrientos, está en el poder.

estados o polos del poder dual tiene su propio
aparato de coerción o dominación (el ejército por
un lado, el pueblo en armas por otro); cada uno
tiene su ideología, cada uno sus leyes y sus modalidades. En determinado momento, cada uno tiene
su población (en el doble sentido, como ámbito
humano de alcance de la autoridad y como clase
autoritaria), su territorio a veces (que, de modo
indistinto, puede ser el mismo para los dos o diferente), su poder político, es decir, su dictadura.
Ambos costados, por consiguiente, reúnen por separado las características de un Estado. Pero ello
ocurre donde antes sólo existía un Estado y no
dos. Esto significa que la unidad histórica que
consiste en la relación territorio-población-poder político, habiéndose ya construido como tal unidad
(pero en una relación compleja, que unifica a la
población con la población, entre sus partes, al territorio con el territorio y a la población ya unificada con el territorio ya integrado, por medio del
poder político unificador), súbitamente recibe a dos
Estados, que tienden a suprimirse mutuamente a
plazo inmediato.

GUERRA CIVIL Y PODER DUAL

¿En qué se diferencia entonces la dualidad de poderes como tropo o metáfora de la teoría marxista
del Estado de la situación que se produce durante
la instalación de una guerra civil convencional? La
cosa parecería prestarse a confusiones. Aquí también el insurrecto toma un territorio, una población, un poder político que niega a los anteriores.
Pero no se debe confundir la contradicción entre

94

un tipo de Estado y otro con las contradicciones políticas dentro del mismo tipo de Estado. La política de todo Estado no aspira a suprimir las contradicciones (porque entonces ya no se necesitaría de ningún Estado) sino que se propone que las contradicciones ocurran dentro del tipo de Estado que es. Por eso se dice que la función esencial del Estado es la reproducción de las relaciones de producción a las que expresa. Las diferencias entre los junkers y la burguesía alemana no hacían un poder dual porque se producían en el seno de un mismo tipo de Estado. Que los junkers tuvieran un origen feudal aquí importa poco; el hecho es que cuando la unificación alemana ocurrió fue una unificación burguesa. Por el contrario, se puede decir que los junkers acabaron por dirigir el proceso burgués alemán. Bismarck mismo era un junker después de todo.

Puede haber una guerra civil sin que se niegue el carácter del Estado dentro del que ella ocurre. Es el caso de las numerosas guerras civiles latinoamericanas o las que se han dado entre sectores más progresistas y sectores menos progresistas de la burguesía, etc. Pero en la dualidad de poderes tal como es entendida por el leninismo se debe tratar de una negación del carácter mismo del Estado, de su unidad óntica, de su cualidad de clase. *Al fin y al cabo, el Estado no es sino eso, un concepto abstracto en el que se localiza la relación entre la población, el territorio y el poder político, o sea que el Estado es esa relación.*

Cada polo del poder dual es ocupado por una clase social y, además, en consecuencia, por un tipo de Estado. La experiencia boliviana mencionada demuestra por otra parte que ni siquiera la

95

presencia física de la clase en el poder es suficiente para que la dualidad de poderes se desarrolle realmente o, si se quiere usar otros términos, la ocupación del aparato del Estado todavía no garantiza la disposición del poder del Estado.[29] Es una experiencia que enseña que, si no se quiere que el poder dual sea un mero espejismo, debe ser el proletariado más su conciencia, es decir, con su ideología. De ahí por qué no pudo existir un verdadero poder dual, al margen de la ideología proletaria, en Bolivia de 1952.

EL ESTADO EN LA FORMACIÓN DE LA BURGUESÍA Y EL PROLETARIADO

La riqueza teórica de este problema trae consigo continuamente otros temas conexos. Por ejemplo, la cuestión de por qué a la burguesía su revolución le sirve para ser o para completar su ser o aumentar su ser en tanto que al proletariado el triunfo final de su revolución le implica el dejar de ser, el suprimirse. Es indudable que la burguesía no logró la plenitud de su ser como clase sino después de que tomó el poder, por medio de sus revoluciones. Es también cierto que se necesita una fracción previamente bien tipificada o fisonomizada que promueva la toma del poder, porque tampoco el poder del Estado saca una clase de la nada; pero su dimensión histórica final, su *tempo,* se logra junto con la realización de su revolución, cuando el poder se

[29] Se puede tener el poder del Estado y no controlar el aparato y a la inversa. Sólo la ocupación global de ambos aspectos garantiza finalmente la existencia de una revolución socialista.

despliega. O sea que la burguesía no concluye su crecimiento sino con el soporte del Estado que ha conquistado cuando era todavía imperfecta como burguesía tal.[30]

Por el contrario, el proletariado ya tiene esa fisonomía o ser realizado antes de tomar el poder, precisamente como consecuencia del desarrollo antagónico del sistema de la burguesía. ¿Qué son, en efecto, la industrialización, la unidad nacional, la democracia burguesa? Son actos de la burguesía, necesidades de la burguesía, intereses de la burguesía. Pero nada de esto puede ser obtenido sin crear una clase obrera, sin unificarla como gran masa, sin permitirle sus sindicatos y partidos. Es el triunfo de la burguesía lo que construye la derrota de la burguesía. El proletariado, por ende, no se realiza en el Estado ni a través del Estado sino en el partido proletario. Es en el partido, fruto clásico de la democracia burguesa, donde el proletariado se convierte en clase para sí, antes o en la víspera de formar su Estado.[31]

La burguesía pudo permitirse la toma del poder cuando todavía no era una clase integralmente desarrollada como consecuencia de un hecho por demás conocido: el capitalismo nació de un modo espontáneo en cuanto se dieron ciertas condiciones

[30] Aquí debería considerarse la espinosa cuestión de la ausencia de verdaderas burguesías en los países marginales. En ellos, no es la burguesía la que hace existir al Estado sino el Estado el que hace existir a las burguesías, a las semiburguesías existentes.

[31] Las dificultades con que se encuentra para existir la burguesía nacional no son las del proletariado. Eso explica la existencia de un poderoso proletariado en Bolivia, al mismo tiempo que no hay sino una burguesía muy atrasada.

en la disolución del feudalismo. La acumulación originaria no necesitaba de una conciencia global en manos de la burguesía y ni siquiera de una burguesía ya desarrollada como tal. Por el contrario, la burguesía se desarrolla como consecuencia de la acumulación capitalista, que sólo puede conseguir su dimensión última desde el poder del Estado. El socialismo es lo inverso: debe surgir conscientemente; sin la teoría, que es la conciencia científica, y sin el partido, que es la conciencia organizada, el socialismo no puede existir. Debe ser pensado, proyectado y planificado por una conciencia política que, desde luego, tampoco sería posible al margen de las condiciones materiales creadas por el capitalismo, por la existencia del proletariado como clase en sí, para empezar.

Es debido a estos pródromos o supuestos que el proletariado puede alcanzar su plena magnitud como clase antes de hacerse del poder. Es posible que la dictadura del proletariado no haga sino generalizar en el comienzo la cualidad de la vanguardia, porque la dictadura del proletariado es el partido convertido en Estado. Pero, al mismo tiempo, como se ha hecho notar tantas veces, es ya el comienzo del fin de las clases. No la realización del proletariado sino el punto en que comienza a marchitarse el Estado, concepto en absoluto opuesto a una consagración indefinida del Estado proletario.

DIFICULTADES BURGUESAS, DIFICULTADES PROLETARIAS

Tales razonamientos sólo pueden tener plena validez en la medida en que las revoluciones se cumplan dentro de los términos de su cronología normal, o sea, siempre que no ocurra la "sorpresa" de que hablaba Lenin. La revolución burguesa debe suceder antes que la socialista, etc. ¿Qué sucede empero en la situación de la simultaneidad, que es la base de la dualidad de poderes? Las dos clases fundamentales llegan con ciertas desventajas en su interior. La burguesía, por supuesto, existía dentro del Estado autocrático; pero su ser no se llegaba a completar en la medida de las otras burguesías europeas sino en la proporción permitida por el zarismo, debajo del zarismo. Desventaja de la burguesía. El partido proletario a su turno tenía que desarrollarse en el grado de "democracia" que pudiera permitir el zarismo, que no era muy grande. Por eso el tipo de partido proletario concebido por Lenin tenía que adaptarse a sus condiciones: "Esta organización no debe ser muy extensa y es preciso que sea lo más clandestina posible", según Lenin. El genio de los bolcheviques consistió en que crearon un partido que se ajustaba exactamente a sus condiciones. Al hundirse el zarismo, ambas clases llegan con lo que tienen. La dualidad de poderes expresa entonces un *status* anómalo en el que el proletariado puede expresar la plenitud de su ser de clase (los bolcheviques han hecho entonces ya un partido que les ha permitido ser clase para sí) a las mismas horas en que la burguesía no puede impedirlo, por ser tardía y porque no supo compensar de otro modo el papel que debió cumplir su Estado en la realización de su ser como clase. En todo caso, si el proletario no fuera previamente una clase para sí no podría plantear ni un poder dual ni su dictadura porque ambos tienen el requisito de la conciencia. Este requisito, precisamente, es pasado por alto muy de prisa por todos los espontaneístas encubiertos o francos.

Para volver al caso boliviano del 52: el hecho principal allá era la destrucción del ejército, que era a su turno la expresión intensificada y comprimida (porque el Estado es la síntesis de la sociedad pero el ejército es ya la síntesis del Estado) de un Estado caduco, por un frente de clases en el que la hegemonía indiscutible correspondía al proletariado. Con todo, era una hegemonía que la pequeña burguesía podía retomar en cualquier momento porque el *continuum* clase-partido-programa no había preexistido a la situación revolucionaria. En cualquier forma, era la clase obrera la única que tenía en su inconsciente (es decir en su impulso espontáneo) una voluntad estatal; la que disponía del monopolio de la capacidad estatal de coerción, la dueña exclusiva del aparato represivo del Estado. En realidad, el núcleo de la perdición del viejo Estado radicaba en esto. Aunque la mayoría de la población apoyaba los hechos revolucionarios, lo que implica cierto control "ideológico" de la situación, no se podía decir que las clases dominantes (las viejas y las que aspiran a remplazarlas en el nuevo esquema de las cosas) hubieran perdido el control del aparato ideológico como tal, como lo demostró después la reconstrucción de su poder. El poder estatal mismo, o sea, la clase a cuyo contenido finalmente debía servir el nuevo Estado, era algo que estaba en disputa; pero en cambio, por lo menos en la primera fase, la clase obrera se había apoderado del aparato represivo del Estado.[32]

[32] Una posición de incertidumbre rodeaba al poder del Estado, aunque era indudable que había un nuevo Estado.

La paradoja era terminante. Había una primacía material de los obreros pero también una primacía de la conciencia pequeñoburguesa entre los obreros.[33] Los obreros pertenecían con estusiasmo al partido pequeñoburgués, obedecían sus consignas. Eso quiere decir que sin partido obrero hegemónico no hay un verdadero poder dual, porque éste debe producirse en el centro del poder del Estado y no sólo en la periferia de su aparato, o que, aun existiendo un aledaño de poder dual al nivel de la extracción de clase, es fatal la derrota obrera. Aquí, los obreros "quieren" el poder de la burguesía o ya no pueden hacer nada para evitar el poder de la burguesía. Es cierto que la clase que portaba los fines históricos de la burguesía (la pequeña burguesía del MNR) y el proletariado llegaban al poder al mismo tiempo. El proletariado, empero, no tenía sino la victoria, las armas y una intuición de clase, que era como una conciencia esporádica. La burguesía, en cambio, no tenía las armas pero podía subyugar ideológicamente al proletariado, reproducía en su seno de continuo los ideales burgueses. Eso demuestra que una clase inmadura en la elaboración de su conciencia no sólo no puede tomar el poder directamente sino que tampoco puede sostener una fase de dualidad de poderes que, en el mejor de los casos, se crea a su costa. Incluso decir esto es impropio sin embargo.[34]

---

[33] Teniendo en cuenta que una clase puede ser ocupada por la ideología de otra.

[34] Porque expresa sólo una anomalía como la boliviana, una entera excepción.

Sobre la base de esta extraordinaria experiencia es que vuelve a discutirse en Bolivia acerca de la dualidad de poderes en Bolivia, en 1971, con la constitución de la Asamblea Popular. Las masas obreras habían intervenido con éxito en la lucha de *fracciones en el seno del ejército que, al haber monopolizado el poder político, eran también las fracciones del Estado burgués creado por la revolución de 1952.* Veamos, como digresión aleatoria, en qué sentido puede hablarse del ejército como una síntesis de la sociedad (pero síntesis distorsionada y sólo en determinadas circunstancias), por un lado y, por el otro, en qué sentido podemos referirnos al ejército como a una síntesis exacerbada del Estado. Por lo primero, cuando por cualquier circunstancia el juego político se ha concentrado en el ejército en la forma directa o difusa de una dictadura militar no por eso las clases sociales dejan de expresarse, por lo menos de un modo diferido, en su interior. No deja de ser un ejército de clase pero, al mismo tiempo, en su composición no puede impedir la presencia de todas las clases en su seno y tampoco puede evitar que se expresen en él las líneas políticas de las clases sociales.[35] Por eso afirmamos que es una expresión distorsionada (porque, aun estando todas las clases sociales en su seno, prevalece sólo una de ellas, de un modo aún mayor que en la sociedad en su conjunto) y que eso ocurre sólo en determinadas circunstancias (cuando el poder político se vuelve un monopolio de las fuerzas armadas).

[35] Véase p. 176.

En cuanto a lo segundo, se dice que es una síntesis exacerbada del Estado porque el ejército es
el *summum* del aparato represivo del Estado, aparato
que entra en actividad con frecuencia anormal en
situaciones de crisis política que son, a su turno,
muy frecuentes en países como Bolivia y porque, por
otra parte, la ideología, que en la sociedad es una
correlación de ideologías dentro del triunfo de la
ideología de la clase dominante, se expresa como
el culto patriótico sólo del aspecto o sección correspondiente a la ideología de la clase dominante.
Oficialmente, el ejército no cree sino en la patria,
que es el nombre que da al poder del Estado, al
tipo de Estado vigente, es decir, al estado histórico
de cosas que resulta de la dominación práctica e
ideológica de la clase opresora.

COMPOSICIÓN DE TORRES

La intervención de las masas en favor de Torres, a
convocatoria de su dirección obrera, dio a Torres
el gobierno y le permitió derrotar a la fracción
gorila del ejército encarnada por Miranda. Como
se expone en otras páginas,[36] Torres estaba dispuesto a aceptar una alianza ocasional con la clase
obrera, para imponerse en el seno del ejército (que
concentraba la lucha de las fracciones dentro del
poder de la burguesía) pero no para constituir un
gobierno revolucionario; para el triunfo del ala nacionalista, pero no para la revolución proletaria,
como es natural. La fracción gorila se vio obligada
a replegarse pero el carácter burgués de la insti-

[36] Véase pp. 173 *ss.*

tución (porque al fin y al cabo todo Estado y todo ejército son conservadores, el primero en cuanto tiene por principal objeto reproducirse a sí mismo y el segundo porque existe en función del Estado al que se refiere) no resultó alterado por ese hecho. Torres a su turno se vio obligado a admitir la existencia políticamente organizada de las masas, bajo su dirección obrera. No podía vencer y ni siquiera existir, por las circunstancias de su nacimiento, sino como gobierno democrático.[37]

ACUMULACIÓN HISTÓRICA DE LA CLASE OBRERA EN LA ASAMBLEA POPULAR DE 1971

Preparada en el **Comando Político**,[38] la Asamblea Popular existió entonces, en efecto, con carácter de soviet y superó con creces la experiencia del 52. La defensa exitosa de la supremacía obrera dentro de la alianza de clases que expresaba la Asamblea, su contenido ideológicamente proletario desde el principio, la imposición de los sectores más avanzados que se dio en su seno, demuestran que se trataba de una experiencia más profunda que la del 52, aunque fundada en ella. Las masas se organizaron fácilmente en torno a la Asamblea porque tenían a la mano la memoria de haberse organizado en 1952 en torno al poder de la cob.[39] Lo

[37] No importaba, entre tanto, si Torres quería tal cosa o no. Simplemente no tenía otra alternativa.

[38] De inmediato a los hechos del 7 de octubre de 1971, los partidos políticos que participaron en ellos organizaron el Comando Político de la clase obrera, que era la antesala de la Asamblea Popular.

[39] En la "memoria de las masas" o acumulación en el método de la clase, los casos son extraordinariamente

que diferenciaba enormemente a una situación de la otra era la presencia intocada del ejército, o sea que, mientras el aparato represivo del Estado estaba en manos de los obreros entonces (en el 52), ahora no ocurría tal cosa, ni de lejos. Como contrapeso, el órgano estatal obrero era mucho más avanzado que el del 52, era ideológicamente proletario y de alguna manera la clase tenía sus partidos.

La Asamblea disponía de una indudable autoridad sobre las masas, por lo menos ante sus sectores estratégicamente más importantes. Incluso los sectores atrasados pugnaban por estar presentes en ella y no la rechazaban.[40] Sin embargo, no pudo llevar a la práctica general del Estado esa autoridad indiscutida porque carecía del aparato de coerción necesario para hacerlo. Cuando trató de imponer su programa, que era sin embargo gradualista,[41] se tropezó con el poder del ejército, que actuó en su mayoría como lo que era, como el brazo armado del Estado burgués frente a un Estado proletario que carecía de brazo armado. Se puede, en efecto, ser un soviet auténtico sin tener sin embargo, todavía, capacidad material suficiente como para plantear una situación de dualidad de poderes. Por eso decimos que 1971 fue, nuevamente, un embrión avan-

ilustrativos en Bolivia. La incorporación de un método a la clase es, por otra parte, el problema fundamental de la lucha armada.

40 Como se dice en otra nota, los campesinos oficialistas también pugnaban por ser aceptados en la Asamblea.

41 Era muestra típica la cuestión de la cogestión obrera en COMIBOL. No debe entenderse por ello, sin embargo, necesariamente la alusión de un defecto. En realidad, no habría sido importante la gradualidad política si se hubiera actuado con celeridad en los aprestos militares defensivos.

zado de poder dual y no propiamente un poder dual, un esbozo y no la figura misma.[42]

¿Por qué el soviet de Petrogrado podía ordenar la entrega de armas a los arsenales y ser acatado y no, en cambio, la Asamblea boliviana? Se dispone de evidencias de que la burguesía tuvo que hacer grandes esfuerzos para lograr la incorporación de los oficiales al alzamiento fascista.[43] Muchos oficiales tuvieron que ser sobornados y hubo una verdadera conspiración de alzamientos. No se puede decir, empero, que la burguesía rusa no hubiera hecho otro tanto en su momento y no tuvo éxito, de tal suerte que ésta no es una explicación que nos sirva demasiado.

Las cosas deben justificarse de otra manera: en Bolivia no habían llegado todavía a cumplirse todos los requisitos conocidos clásicamente como los necesarios para la existencia de una situación revolucionaria *in pleno*. El aparato burgués podía actuar todavía con cierta coherencia en su respuesta al soviet obrero, en ausencia de la "crisis nacional general". El sistema de autoridad vigente en el ejército[44] funcionó de acuerdo con las previsiones con las que se le hizo existir. Es cierto que la clase obrera habría cometido un gran error si esperaba

[42] Esto es posible fácilmente. No se puede decir que los soviets de 1905 no existieran plenamente como tales soviets. Pero tampoco nadie dijo que plantearan ya una situación de poder dual.

[43] El testimonio del general Roque Terán acerca de los sobornos y coimas hechos a Sélich para que se adjuntara al golpe es definitivo en este orden de cosas.

[44] Un sistema de autoridad que se funda obviamente en un hecho social general, que es la vigencia, aunque crítica, del Estado democrático-burgués creado en 1952. Pero, también, un sistema de autoridad que se remonta a la Guerra del Chaco, etc.

a que todas las condiciones se cumplieran; debe decirse que su tarea fue admirable sin rodeos pero, a la vez, al empeñarse en ella en las únicas condiciones posibles, corrió un riesgo y perdió. Eso, desde luego, no es desalentador para nada. Lo único verdaderamente desalentador sería la ausencia de "espíritu estatal" en la clase; pero eso hubo en abundancia. Por el contrario, uno se pregunta cómo es que esta clase pudo ya plantearse la construcción de la Asamblea cuando no hacía sino unos pocos meses que la democracia había vuelto a existir para ella, cuando no era libre (ni siquiera en el sentido burgués) sino tan poco tiempo. Aquí, como volverá a ocurrir después, ya dentro del régimen fascista, operó la acumulación de la clase: aquello se explica porque utilizaba sus experiencias anteriores; no necesitaba de mucho tiempo para retomarlas porque ya las había acumulado dentro de sus adquisiciones organizativas y culturales como clase. La Asamblea era resultado del modo particular que tuvo de suceder su historia en cuanto clase y no de su mera colocación estática en el proceso de la producción.

LA LUCHA EN EL INTERIOR DE LA CLASE

Tampoco su programa era un programa extremista, como se ha dado a entender con una mala intención que es característica toda vez que se enjuicia los hechos bolivianos. Era un programa que, a través de la cogestión en COMIBOL, se dirigía a la construcción de un capitalismo de Estado, pero bajo el control colectivo de la clase obrera. Ello convocaba a una gran lucha política, pero ya no dentro del ejército, sino dentro de la clase obrera, entre sus sectores avanzados y los rezagados, que no dejaban de ser enormes.[45] Era, por otra parte, un programa todavía democrático, aunque el capitalismo de Estado, planteado de tal manera, es sin duda la antesala del socialismo.[46] En este sentido, se planteaba una superposición de tareas democráticas y socialistas que, sin duda, era correcta, o, si se quiere

[45] El MNR, a las mismas horas en que conspiraba con los militares fascistas, era el partido que controlaba un mayor número de votos dentro de la Asamblea Popular. Esto de "controlaba" es relativo, sin embargo. Es evidente que los sectores avanzados se imponían siempre en las discusiones y que los votos del MNR no le servían de mucho, porque sus dirigentes obreros no estaban de acuerdo con la línea de sus dirigentes derechistas. En cualquier caso, el que en un órgano de poder tan avanzado como la Asamblea pudiera el MNR tener una presencia tan cuantiosa nos demuestra la abundancia de capas atrasadas en el seno de la clase obrera. Lechín pudo maniobrar tranquilamente con dichos votos y con la división entre los marxistas y obtener en consecuencia la presidencia de la Asamblea.

Todo esto demuestra que, aunque el poder se concentrara en determinado momento en manos de la clase obrera (como ahora lo está en manos del ejército), la lucha de clases se expresaría en el interior del sector dominante, de un modo insidioso. No es pues que yo considere la concentración del poder como una desgracia, como Lora me hace decir antes de que yo abra la boca, sino que la concentración del poder no suprime automáticamente las contradicciones de clase. Véase Lora, *De la Asamblea Popular al golpe del 21 de agosto,* Ediciones OMR.

[46] "El socialismo no es más que el paso siguiente después del monopolio capitalista del Estado. O, dicho en otros términos, el socialismo no es más que el monopolio capitalista del Estado puesto al servicio de todo el pueblo y que, por ello, ha dejado de ser monopolio capitalista." Cf. Lenin, *La catástrofe que nos amenaza y cómo combatirla.*

decir de otra manera, se condicionaba el paso de la fase democrática a la socialista al grado de evolución que lograra la lucha de clases. Pero la Asamblea demoró en plantearse la cuestión de su armamento, se demostró que no era fácil que tal cosa se lograra pasando por la mera división del ejército y, por tanto, aunque se movió correctamente dentro de las condiciones que tenía, el aparato estatal creado en 1952 demostró ser más consistente de lo que parecía.

EL SEMIBONAPARTISMO DEL GENERAL TORRES

Se puede discutir si Torres era bonapartista, semibonapartista o ninguna de ambas cosas.[47] Desde cier-

---

[47] Como quiera que Lora insiste en este punto, debemos también mencionarlo. Sus argumentos recuerdan los de aquel ministro que se sintió indignado cuando se postuló que la de Torres era una formulación bonapartista, suponiendo que nos referíamos a su baja estatura.

En un juego casuístico, que se hace infantil, Lora se preocupa, por ejemplo, de que en unos casos hablemos de bonapartismo y de semibonapartismo, en otros. No debería encallarse tanto en esto porque lo mismo que nosotros hizo Trotski en su hora. "Anteriormente —escribió— caracterizamos al gobierno de Bruening como bonapartista. Luego, retrospectivamente, estrechamos esa definición a la mitad: hablamos de un prebonapartismo." En el mismo libro Trotski dice que "liberalismo, bonapartismo, fascismo tienen el carácter de generalizaciones. Los fenómenos históricos no se repiten nunca del todo", y advierte que "uno habla por analogía de bonapartismo". Esto se publica en *The struggle against fascism* de Trotski, Pathfinder Press, Nueva York, 1971.

Para Lora, Torres no podía encarnar una tendencia bonapartista del ejército por la seria razón de que Torres no existía. "No fue otra cosa que la personifica-

to punto de vista, puesto que era un gobierno que carecía de iniciativa y que era, en cambio, víctima de la iniciativa de los bandos en pugna, se puede aceptar algunos de los reparos a la definición aquella. Pero el acatarla a secas significaría más o menos afirmar que Torres no existió sino simbólicamente, como un adorno puesto en medio por el ejército y la clase obrera, mientras se aprestaban ambos para el enfrentamiento. Visión ésta por lo menos arriesgada, que no corresponde a la realidad de las cosas.

Torres se benefició con la movilización de las masas del 7 de octubre pero pudo hacerlo porque estaba previamente en condiciones de explotarla para su propia política, porque representaba a un sector real del ejército; de otro modo, las masas habrían utilizado de hecho a Torres como un peón de estribo, para de inmediato imponer su propia política. Los gorilas, a su turno, tuvieron que aceptar a Torres porque, en ese momento, no estaban

ción de la ausencia de verdadero poder." (Lora, *op. cit.*)

Trotski, sin embargo, define bien la diferencia entre bonapartismo y fascismo. "Bonapartismo, esto es, el régimen de la 'paz civil' apoyándose en la dictadura militar-policiaca, y fascismo, esto es, el régimen de la guerra civil abierta contra el proletariado." Ésta es, exactamente, la oscilación que se produjo en el seno del ejército boliviano. Torres y Ovando encarnaron la tendencia bonapartista, que intentaba lograr un estatuto de equilibrio y de paz social entre las clases, a través de un programa nacionalista con concesiones paralelas a la clase obrera y al imperialismo. Bánzer representa la guerra civil abierta contra la clase obrera, aunque por otros conceptos difícilmente puede definirse en rigor como un régimen fascista.

Que Torres fracasó en su empeño de dar un estatuto bonapartista a las pugnas de poder entre las clases, ya lo sabemos. No nos instruye demasiado Lora cuando nos repite eso.

internamente en condiciones de responder al punto a la movilización de las masas.

Tanto de Torres como del primer Ovando[48] debe decirse por tanto que fueron un intento del ejército por dar una salida bonapartista a la lucha de clases (porque el bonapartismo es eso, la paz impuesta verticalmente a las clases principales en pugna, sobre la base de una representación diferida de clases que no pueden expresarse a sí mismas), intento que fracasó por las condiciones estructurales del país, que eran ya las de una avanzada lucha entre las clases. Cuando se fracasa en la paz entre las clases (el bonapartismo), se intenta la destrucción poltíica de la clase obrera (que es el fascismo).[49] Las condiciones históricas de Bolivia no eran favorables para el desarrollo burgués nacionalista. Se trataba, por eso, de un enfrentamiento entre fracciones de la burguesía en el seno del ejército, que se había convertido en el apoderado monopolista del poder político del país. Las masas usaron a Torres para expresarse pero no por eso se sintieron expresadas por Torres y, de esta manera, habiendo hecho posible su triunfo, se abocaron sin embargo, de inmediato, a la construcción de su propio poder independiente.

[48] Tanto Ovando como Torres representaban auténticas corrientes en el seno del ejército. No eran su negación, como parece suponerlo Lora. La evolución de ambos regímenes fue, sin embargo, totalmente contrapuesta. Mientras Ovando sucumbió al asedio de la derecha militar, Torres quedó a la hora final en manos de la presión obrera. Si se vencía el 21 de agosto, Torres habría quedado a merced de la Asamblea Popular. Hubo, en cambio, un segundo Ovando, que claudicó rápidamente del interregno en el que nacionalizó el petróleo.

[49] Véase nota 47.

Presionado por la fracción derechista de la burguesía, que operaba por medio de los gorilas militares, Torres se veía obligado, para contrarrestar esa presión, a permitir la existencia de la Asamblea Popular, aunque no sin grandes reticencias. Pero eso tampoco puede significar que Torres, al admitir a la Asamblea, al servicio de su propia supervivencia, la estuviera creando.[50] Esto es mal entender deliberadamente las cosas. La Asamblea, sencillamente, fue obra de la propia clase obrera y resultado de sus experiencias previas, del nivel que había alcanzado su desarrollo de clase y no de Torres por ninguna razón, quien probablemente no conocía nada o casi nada del movimiento obrero. Pero la Asamblea pudo existir sólo porque Torres no estaba en condiciones de negarle él mismo su derecho a reunirse. Había sin duda una internecesidad entre Torres y la Asamblea; aquél, para seguir viviendo, ésta para remplazar con la aceptación del nacionalismo militar su falta de autonomía como

---

[50] Como lo hace, otra vez, Lora cuando me hace decir que "ese movimiento [de masas] existió porque el militarismo le dio su venia" (véase Lora, *op. cit.*). En todo caso, los militares y no el militarismo; pero, además, una cosa es que la Asamblea Popular necesitara la admisión del ejército, vía Torres, para funcionar, y otra que Torres y el ejército la hubieran inventado. Pero si se compara esta inculpación con la que hace Lora a otras gentes de la izquierda boliviana, he de convenir en que ha sido generoso conmigo. Según él, por ejemplo, "los stalinistas se afanaban por alejar a los trabajadores de su verdadero camino" y "estaban desesperados por destruirla [a la Asamblea]. La mayor parte de los partidos... vivían agazapados en el seno de una organización que les era extraña, esperando el momento oportuno para darle un golpe mortal". "Los partidos marxistas guiados siempre por su inveterado oportunismo", etc., etc.

aparato represivo, como autoimposición. Sin embargo, eso no quiere decir que el ejército no estuviera en condiciones físicas de dispersarla. Lo que no tenía era condiciones políticas —por su división, que demostró ser sólo inicial, subdesarrollada— para destruirla. Cuando el deterioro interno de Torres, que era inevitable, devolvió cierta unidad mínima al ejército, éste liquidó a los dos, Torres y la Asamblea, con un solo golpe de mano, el 21 de agosto.

De suerte que la verdadera contradicción se daba entre el poder obrero de la Asamblea y el poder burgués del ejército. Es cierto que cada polo representaba un tipo de Estado: el ejército, el Estado burgués real, aunque sólo en la medida del limitado (pero vigente) desarrollo capitalista logrado por la revolución del 52; la Asamblea, el Estado proletario potencial, meramente embrionario porque vivía aún en las precarias condiciones emergentes de la contradicción interna en el seno del ejército y no de sí misma, porque no atinaba a lograr una plena autonomía.

APARATO DE COERCIÓN, SOVIET Y PODER DUAL

La lucha por la autonomía de existencia por parte de la Asamblea fue su principal problema. Aquí corresponde empero discriminar entre lo que significa capacidad de coerción o dominación y aparato armado, tema que suele simplificarse sin mayor fundamento. Si se toma las cosas mecánicamente, una significa la otra, son una sola. Pero, si se hubiera calculado el número de armas de que disponía directamente el soviet de Petrogrado y las que tenía Kerensky (el Estado oficial), en la práctica no habría habido confrontación alguna.

El grado de movilización de las masas, si se hace extraordinariamente extenso, como sucede cuando se produce la *crisis nacional general* más las otras condiciones rusas (lo que Gramsci llamó la hegemonía previa), puede permitir, a pesar de disponerse sólo de pocas armas, tener no obstante una inmensa capacidad estatal de coerción. El soviet de Petrogrado no necesitaba adquirir sus propias armas porque tenía la capacidad previa de ordenar a los arsenales que las entregasen y disponía de autoridad estatal sobre la masa de los soldados. No necesitaba sino relativamente construir su propio aparato armado, su propio ejército, porque se había apoderado políticamente del ejército. Ésta, como es obvio, no era todavía la situación revolucionaria a que había llegado Bolivia. Pero la Asamblea no podía esperar, para existir, a que *todas* las condiciones estatales se cumplieran en favor suyo. Cuando se analiza *a posteriori* estos problemas suele olvidarse que los acontecimientos no ocurren de una manera simétrica: tratan de corresponder a las condiciones externas pero también, en una gran medida, son resultado de los requerimientos internos impostergables de la clase, de las exigencias de su ritmo.[51] Como en Bolivia prevalecía todavía de un modo indudable el elemento espontáneo en la tendencia de las masas y su *fusión* con el socialismo científico en el partido obrero no se daba sino en ciertos sectores avanzados de la clase obrera, era

[51] "No se considera lo suficiente el hecho de que muchos actos políticos se deben a necesidades internas de carácter organizativo, o sea, que están vinculados a las necesidades de dar coherencia a un partido, a un grupo o a una sociedad." A. Gramsci, *El materialismo histórico y la filosofía de Benedetto Croce, op. cit.*

evidente que lo que podía hacer la Asamblea es exactamente lo que hizo: tratar de disponer del mayor tiempo posible (porque cada día que ganara en su existencia era un paso adelante en la educación estatal de las masas),[52] ampliar al máximo la movilización de las masas (conquistando el apoyo para el órgano obrero incluso de los sectores que no tenían sino apetencias democráticas, como los campesinos), tratar de influir sobre los oficiales y soldados[53] y ver, en la confrontación misma,[54] si en efecto la crisis había alcanzado al propio ejército.

Que algo de eso se había logrado, lo demostró el que una fracción del ejército luchara a su lado y que hubiera dudas abundantes antes de adherirse al golpe, en el seno de las guarniciones.[55] Que

[52] La reproducción de la Asamblea en organismos a nivel departamental iba a constituir una vasta experiencia estatal, de autogobierno, para las masa. Pero no se llegó a ese momento.

[53] Lo que no se hizo sino caóticamente. Lora hace una grave imputación, sin fundarla en cita alguna, cuando me atribuye el pensar que "todos los militares son unos gorilas o fascistas". Es en él, sin embargo, todo un método que con frecuencia carece de honestidad intelectual en relación con su interlocutor.

[54] Lo dice Trotski, en 1905, en un razonamiento muy exacto: "Las clases dirigentes, para las que el problema es una cuestión de vida o muerte, no cederían nunca sus posiciones en virtud de razonamientos teóricos respecto a la composición del ejército. La actitud política de la tropa, esa gran incógnita de todas las revoluciones, no se manifiesta claramente más que en el momento en que los soldados se encuentran cara a cara con el pueblo".

[55] Varios sectores de las Fuerzas Armadas vacilaron bastante, en efecto, antes de adherirse al golpe de Bánzer. Los testimonios sobre las dubitaciones de Sélich, que recibió dinero antes de definirse, según Reque Terán, son los más elocuentes. La Fuerza Aérea no se adhirió a los gorilas sino cuando ya habían vencido.

la Asamblea no tenía condiciones tan favorables para hacerlo, lo demuestra, por otra parte, el que intentara tardíamente armarse por todos los medios posibles, en las horas finales. La disposición de un mejor aparato armado en manos de las masas o junto a ellas habría permitido, junto con la prolongación de la lucha (su brevedad fue una desventaja para la Asamblea), el que más y más sectores militares y campesinos se sumaran al bando proletario. Las cosas, sin embargo, no sucedieron así porque el enemigo es también capaz, desde luego, de desarrollar su propia iniciativa y, por lo demás, la iniciativa propia (la proletaria) puede desenvolverse muy lentamente, como ocurrió en este caso. La Asamblea carecía de una comisión política o un comité ejecutivo con la suficiente autonomía como para subsanar esa carencia. Su democratismo, que era como una prolongación de su sindicalismo, impedía que ese comando existiera con una eficiencia que sólo podían proporcionarle los partidos obreros.[56]

La disposición de dicha capacidad de coerción que, en las contingencias bolivianas (pero no en todos los casos), debía traducirse por fuerza en la existencia de un aparato armado de la Asamblea, habría sido recién el signo de que ella (la Asamblea) había conquistado su independencia o sobe-

---

[56] Para Lora, sin embargo, es indiferente que el soviet exista por debajo del partido político o al margen del partido político. Es evidente que "los soviets pueden existir esté o no en su seno el partido revolucionario de la clase obrera". El destino de tales soviets, sin embargo, como es ostensible, es totalmente distinto cuando está el partido de cuando no está el partido. Los mejores ejemplos del mal destino de los soviets espontáneos (al margen o con poca intervención de los partidos) son los dos conatos bolivianos de poder dual.

ranía con relación a la fracción progresista del ejército burgués (Torres). Con dicha independencia, podía haber desarrollado una dualidad de poderes que, por las razones vistas, no era hasta entonces, en efecto, sino un germen o embrión. En el análisis de los malentendidos, sin embargo (malentendidos que parecen ser tan voluntarios), hay que decir que una cosa es hablar de germen de dualidad de poderes y otra de la Asamblea como de un embrión de soviet.[57] La Asamblea era un

[57] "Los diversos matices de la izquierda, siempre exceptuando a los verdaderos trotskistas, se resistían a hablar de la Asamblea Popular como de un soviet o una de sus variantes; en el mejor de los caso decían [sic] que se trataba de un órgano de poder en potencia", según Lora. Se trataba de un "mezquino resentimiento" [sic].
Según Lora: "La Asamblea Popular, soviet real y viviente y no simplemente un germen no debidamente configurado" (*América India*, núm. 1, artículo *Una crítica revisionista al* POR). Lo dice en le sentido soviet-órgano de poder estatal.
Trotski, que, por lo demás, hace una excelente descripción del soviet de 1905 es más moderado que Lora: "Si los proletarios por su parte y la prensa reaccionaria por la suya dieron al soviet el título de 'gobierno proletario' fue porque, de hecho, esta organización no era otra cosa que el embrión de un gobierno revolucionario". O sea que puede existir un soviet que no se constituya todavía en gobierno revolucionario, es decir, que no plantee la dualidad de poderes de la que, por otra parte, no habla por un instante Trotski en 1905.
Nosotros no hemos sostenido nunca que la Asamblea Popular fuera sólo un germen de soviet, y en esto, si se refiere a nosotros, Lora está refutando al viento. Hemos dicho de la Asamblea, que por analogía (como en lo del bonapartismo) tenía características de soviet, planteaba un germen de dualidad de poderes. Es obvio que, cuando Lora sostiene que el poder obrero "plantea la dualidad de poder desde el momento mismo en que

117

soviet verdadero, en condiciones que, desde luego, no podían reproducir punto por punto las de la Rusia de entonces; pero es falso decir que la dualidad de poderes se plantea ya en cuanto existe el soviet, como lo hace Lora. Que el soviet existe, por lo pronto, no significa más que las condiciones democráticas han ido bastante lejos. Sea como fruto de su debilidad (porque no tiene más remedio) o sea como resultado de su seguridad de sí mismo (porque le es inofensivo), un Estado de tipo burgués puede aceptar un inusitado margen de democracia para las masas. Pero eso no significa todavía que se está negando al tipo de Estado vigente, que se divida al poder del Estado propiamente, como debe ocurrir en la dualidad de poderes. Y, por último, puesto que los trotskistas son los que han insistido más en este orden de cosas (lo que no está mal), ha de decirse que no en balde Trotski, que escribió un extenso y rico capítulo acerca de los soviets en 1905, en el mismo libro[58] no menciona una sola vez la figura de la dualidad de poderes. ¿Qué significa esto? ¿Sería solamente que, en un gesto de dependencia intelectual, estaba esperando que Lenin mencionara

existe, aunque sea en forma rudimentaria", cuando dice que "la dualidad de poder existe desde el momento en que actúa un organismo con rasgos sovietistas" (véase *De la Asamblea Popular al combate del 21 de agosto*), simplemente se afilia dentro de la visión que tiene Trotski de la figura descrita *in extenso* en este trabajo.

Hay en todo esto una algarabía trotskista por atribuirse toda la teoría del poder dual, por un lado, pasándose por alto un visible vacío presente en los textos de Trotski (la omisión del tema al hablar de 1905) y por explicar que dicho poder dual existe en todo momento y todo lugar de toda contradicción. Es un hueco que no se subsana con desplantes.

[58] Véase nota de la p. 66.

el poder dual en las Tesis de Abril? ¿No será
que el soviet, aun existiendo ya en 1905, sin embargo, no logró plantear todavía una verdadera dualidad de poderes?

COMPENSACIÓN ENTRE PROGRAMAS AVANZADOS Y ORGANIZACIONES REZAGADAS

Así, mientras en 1952 el sujeto obrero no se había
realizado todavía como clase para sí, en 1971, cuando los sectores avanzados ya demostraban tener ese
carácter, como contraparte, tenían que vérselas con
la existencia del ejército. La clase (al margen de
su grado cualitativo de existencia histórica) no tenía el mismo grado de control material de la situación, no tenía en sus manos el mismo aparato
represivo de entonces.[59] En el intento de adquirir-
lo, fue vencida por los aspectos conservadores del
Estado burgués que, por otra parte, no dejaban de
tener sus propias clases extensas de soporte (los
campesinos atrasados). Pero el solo hecho de que
hablemos de un embrión real de dualidad de poderes (en el sentido restricto de Lenin y no en el
extenso de Trotski) demuestra que las cosas iban,
en efecto, moviéndose en esa dirección.

La Asamblea, por otra parte, tenía que luchar con
otras dificultades paralelas, dificultades que resultaban de su propia validez interna, del grado en que

[59] Son dos cosas distintas, en efecto. Una clase bastante desarrollada puede, no obstante, no adquirir sino
un poder limitado; una clase insuficientemente desarrollada puede, a la vez, por el escaso desarrollo estatal de
su adversario, apoderarse prematuramente del poder,
hacerse dueña de la situación. Estas victorias aparentes
resultan muy costosas a la larga.

los componentes de la Asamblea creían en la dimensión histórica de la Asamblea. Para partir del principio, hay que ver incluso en qué sentido y proporción se podía decir que los sectores avanzados eran ya una clase para sí.

La clase obrera se veía obligada a compensar con un avanzado programa la pobreza de la existencia de las organizaciones políticas.[60] Es cierto que, también en 1952, la clase obrera había llegado a la dilucidación de los hechos con un programa, relativamente avanzado, como era la Tesis de Pulacayo.[61] Pero aquí se ve cómo una cosa es que su dirección apruebe un programa avanzado y otra que ese mismo programa exista carnalmente en las masas. El verdadero programa de las masas es lo que ellas hacen. En eso se expresa, en rigor, lo que ellas han adquirido como convicciones y como proyecto. En la avalancha del éxito de la movilización democrático-burguesa, la propia Tesis de Pulacayo acabó por ser distorsionada y falsificada en su práctica; acabó por beneficiar a un tipo de movilización que no era la que postulaba. De un modo precoz, la Tesis de Pulacayo descalificaba las soluciones burguesas para

[60] Es importante, como respaldo a esta afirmación, la *Tesis política de la Central Obrera boliviana,* aprobada en mayo de 1970. Véase también la segunda parte de este libro.
[61] *Tesis de Pulacayo* (tesis central de la Federación de Trabajadores Mineros de Bolivia), 1946. En ella se dice por ejemplo que "el proletariado de los países atrasados está obligado a combinar la lucha por las tareas demoburguesas con la lucha por las reivindicaciones socialistas".
En otro punto se advierte que "la revolución será democrático-burguesa por sus objetivos y sólo un episodio de la resolución proletaria por la clase social que la acaudillará".

los problemas de la revolución burguesa en el país.[62]
Una cosa es, empero, *la enunciación* de una tesis
y otra *la vida* de una tesis en las masas. Las masas hicieron lo contrario de lo que decía la Tesis
de Pulacayo, aunque proclamándola como suya. Para
que lo que se decía en esa tesis llegara a existir
en efecto en la conciencia de las masas, hubo de
vivirse lo que allá se decía. Las masas mismas tuvieron que fracasar apoyando soluciones burguesas
para las tareas democrático-burguesas. Sólo después
de la gran frustración colectiva que fue la experiencia del nacionalismo revolucionario, sólo después
de la ruptura del aislamiento obrero a que dio lugar la fase final de dicha experiencia,[63] se estaba
en condiciones de proponer un programa socialista
que expresara la movilización socialista asimismo,
de los sectores avanzados de la masa. Eso fue la
Tesis de la cob,[64] cuya validez es sin duda incomparablemente mayor a la que tuvo en su tiempo la
Tesis de Pulacayo.

Pero la falta o la deficiencia del partido hegemónico, de la clase obrera pesó sin duda en la conducción de la Asamblea, en su eficacia táctica y en
su celeridad, en su lucidez. Una clase como conjunto no puede ser nunca tan consciente como el
partido de su vanguardia. No obstante, el hecho de

[62] "Señalamos que la revolución demoburguesa, si no
se la quiere estrangular, debe convertirse sólo en una
fase de la revolución proletaria", *Tesis de Pulacayo*,
Ediciones omr, 1972.
[63] La guerrilla tuvo, como un efecto no buscado por
los propios guerrilleros, la ruptura del aislamiento obrero, mediante la radicalización de la pequeña burguesía de
las ciudades, especialmente las capas universitarias.
[64] Véase nota 60 de este capítulo.

que existiera una clase para sí se demuestra en que, a pesar de que la mayoría numérica de la Asamblea era todavía populista[65] sin embargo, los sectores avanzados se imponían sin rodeos en su seno, prácticamente en todos los casos, lo que no ocurría en 1952. Es muy distinta una Asamblea como ésta, que era un soviet propiamente, de un organismo sindical cumpliendo el papel de *quid pro quo* de un soviet. Por eso la Asamblea Popular de Bolivia fue la más avanzada experiencia estatal de la clase obrera en toda la América Latina.

RENACIMIENTO DE LA REVOLUCIÓN BURGUESA Y EL ESTADO DEL 52

Actuaba, en segundo término, como factor de disminución de la intensidad o realidad de la dualidad de poderes, la distancia en el tiempo en relación con la principal movilización democrático-burguesa y el propio modo átono que habían cobrado las mismas tareas burguesas incumplidas. La superposición de una revolución sobre la otra (la socialista sobre la democrático-burguesa), su propia coetaneidad inicial es, como se puede recordar, lo que caracterizó a la dualidad de poderes descrita por Lenin. No cabe duda ninguna, por otra parte, de que la revolución de 1952 fue, en Bolivia, una auténtica revolución democrático-burguesa intentada en los marcos de un país atrasado y dependiente. Pues el desarrollo del capitalismo es una imposibilidad en Bolivia, ni siquiera en los términos en que se ha producido en los demás países latinoamericanos;

[65] Véase nota 45.

era una revolución condenada al incumplimiento
de sus propios objetivos históricos originales. El
que tuviera que pasar de una fase democrática con
participación obrera a' una desarrollista, con tintes
ya potencialmente antiobreros para llegar finalmente al momento en que tenía que acudir a su fase
de emergencia, mediante gobiernos militares direc-
tos (y directamente antiobreros), doce años después,
es resultado de aquella prevista frustración.[66]

Los gobiernos militares se beneficiaron, sin embargo, con la expansión, la modernización y, en
suma, el cambio de calidad del Estado boliviano
en 1952 y no en balde el *momentum* del poder militar fue signado por el "pacto militar-campesino".
Las consignas gruesas de la movilización democrática habían sido consumidas, desgastadas y en cierta
medida consumadas por 1952 (la tierra, el sufragio
universal, como en otros países la república, etc.).
Por consiguiente, se produjo un desnivel entre la
profundidad de la movilización obrera' (a la que
se sumó, aunque de un modo diferente, la radicalización de las capas medias en las ciudades, que
nunca fue global) y el modo estancado de la movilización campesina. Aquella profundidad de ninguna manera se expandió explosivamente en el campo (como habría ocurrido, quizá, si las dos revolu-

[66] Hasta 1956, más o menos, la clase obrera conservó cierta influencia, aunque a través del cogobierno
MNR-COB. El programa antiinflacionario de Siles Zuazo
(1956-60) coincidió con la existencia del ejército reorganizado y la creciente influencia norteamericana. De 1960
a 1964, aunque Lechín era vicepresidente, Paz Estenssoro
intentó un esquema desarrollista con soporte norteamericano. La ascendente influencia del ejército concluyó
con la toma ·directa del poder y los gobiernos de Barrientos, Barrientos-Ovando, etc.

ciones hubieran ocurrido paralelamente, como en Rusia) y, por el contrario, se tuvo que trabajar sobre la realidad de la inercia conservadora de un campesino atrasado y satisfecho con la tierra.[67] No es pues la ausencia cuantitativa sino la ausencia cualitativa del campesino lo que afectó el poder de la Asamblea,[68] tanto como la propia ausencia de un sector militar revolucionario en su seno. Es cierto, por otra parte, que en la clase obrera existían considerables prejuicios anticampesinos y antiuniversitarios, pero eso no fue lo determinante; expresaba superficialmente un desarrollo desigual entre las clases,[69] en su estructura misma.

Pero el propio Torres así como el primer Ovando estaban demostrando, a través del renacimiento de las consignas nacionalistas, por medio de las tareas

[67] Sobre el papel de los campesinos como base social del fenómeno barrientista, véase la segunda parte de este libro. Pero no debe creerse por eso que existe una cristalización de las relaciones de clase en el campo. Se vive una fase de diferenciación interna en el seno del campesinado que no está suficientemente evaluada desde la izquierda. Las luchas en el valle de Cochabamba y en el norte de Potosí, por ejemplo, no son ajenas a este proceso.

[68] En el sentido de que no se sentía el campesino, como conjunto, tan convocado por el poder de la Asamblea Popular como las otras clases sociales. En determinado momento, como se sabe, Torres intentó utilizar a los campesinos *contra* la Asamblea, aunque desistió casi de inmediato a ese propósito. Con todo, es cierto que aun las direcciones oficialistas del campo intentaron ingresar a la Asamblea.

[69] Tampoco estos prejuicios eran algo meramente subjetivo. Había un desnivel objetivo en el desarrollo político de las clases. La clase obrera estaba muy por delante de todos los otros sectores, a pesar de todas sus debilidades internas.

democráticas que mal que bien llegaron a ejecutar, hasta qué punto, dentro mismo de una revolución democrática inconclusa, es posible el renacimiento de nuevas tareas democráticas o de atractivos para una movilización democrática para los sectores no propiamente obreros. Sólo un necio puede afirmar que las tareas burguesas han concluido en Bolivia. Por consiguiente, de algún modo Torres significó el renacimiento de la revolución democrático-burguesa en combinación con la estrategia ya socialista de la Asamblea Popular. Se daba, por tanto, una situación de simultaneidad parecida a la que existió en la Revolución rusa. Que los sectores reaccionarios del ejército encararan esta situación con una postulación fascistizante[70] nos demuestra, en verdad, que la coyuntura de entonces se dirigía hacia la existencia de una dualidad de poderes, que podía definirse rápidamente de un modo victorioso para la clase obrera. Por eso, el Estado de la burguesía se vio obligado a sustituir de un modo fulminante su esquema de paz entre las clases (el bonapartismo) por un esquema de arrasamiento de los dos polos de esa dualidad naciente.

[70] En un plan desesperado que no excluía la propia división del país. Bánzer, Valencia, Miranda, Zenteno Anaya, no señalan sino matices de esta posición fascistizante de la derecha del ejército.

III

LA CUESTIÓN DE LA DUALIDAD DE PODERES EN CHILE

PROBLEMAS TEÓRICOS EN EL ESTADO CHILENO

La discusión acerca de la dualidad de poderes se actualizó en la América Latina tanto a partir de la Asamblea Popular boliviana como por las dificultades aparentes y reales que ofrecía, para una interpretación dentro de los moldes clásicos, la conquista del poder[1] por la Unidad Popular en Chile, en 1971.

Encarar una cuestión tal resulta apasionante puesto que, por todas las razones, Chile es algo así como la patria del Estado en la América Latina. No obstante, la postulación de que, en el Chile actual, la presencia coetánea de la izquierda en el Ejecutivo y de la derecha en los otros poderes del Estado constituye un caso de dualidad de poderes, es una tesis que, aunque atractiva desde un punto de vista pedagógico y aun como una consigna,[2] trajo consigo desde el principio varios problemas u obstáculos teóricos. En primer lugar, como es obvio, la validez misma de la proposición. Pero también, por otra parte, una interrogante acerca de la medida en que el concepto de la autonomía e independen-

[1] Los dirigentes chilenos hacen una diferencia de matiz entre gobierno y poder.

[2] En algunos casos se ha utilizado la figura como una consigna. Éste es el modo en que es usada por el MLN uruguayo (Tupamaros), por ejemplo.

126

cia relativa del Estado es aplicable a una formación
social de base económica subdesarrollada, sobre los
momentos o fases de la no correspondencia entre
la superestructura jurídico-política y su base económica, sobre la relación entre el órgano de poder
y el nivel de la conciencia de clase (en el caso
concreto, porque, en lo general, ya lo hemos visto) y sobre el modo en que se vincula la separación de poderes (un concepto liberal de la teoría
del Estado) con la autonomía relativa del Estado
capitalista (un concepto marxista).

Del fracaso momentáneo de la tesis de la dualidad de poderes como noción de desciframiento de
la situación actual chilena (que sostenemos en este
trabajo) se desprende a su turno la cuestión del
margen posible de conversión de los cambios produ-
cidos (por la vía de la exasperación de las características del Estado burgués) en una transformación
socialista, a través de una mutación ininterrumpida
tomada desde dentro, bajo la actuación de un sujeto histórico ya socialista, que construye internamente su hegemonía de tipo ideológico. O sea, una
acumulación considerable de cuestiones.

FISONOMÍA DEL PODER POPULAR EN CHILE,
SEGÚN RAMOS

Aunque varios autores han tocado el tema directa
o indirectamente, el principal expositor de la corriente que sostiene que en Chile existe un poder
dual es el economista Sergio Ramos, en un libro
que es la más global visión del proceso chileno
que se ha hecho hasta el momento.[3]

3 Véase Sergio Ramos, *Chile ¿Una economía de transición?*, Centro de Estudios Socio-Económicos (CESO),

127

El trabajo de Ramos se refiere al proceso económico chileno y no a la teoría del Estado y por eso no deja de ser excesivo el referirse a un episodio de su exposición, punto lateral y complementario, òmitiendo en cambio el núcleo del libro. Para los intereses de este trabajo no tenemos, empero, otro remedio que proceder de esa manera.

Para Ramos, "lo distintivo, lo específico de esta lucha [de la situación prerrevolucionaria en Chile] es que el movimiento popular ha tomado en sus manos una parte del poder político, expresada en la rama ejecutiva del gobierno".[4] "Con la conquista de una parte del poder político por el proletariado y sus aliados, con la existencia de la dualidad de poder expresada en el interior del aparato del Estado, con la fusión de las tareas de la destrucción del sistema antiguo y de la creación de un sistema nuevo antes del quiebre revolucionario definitivo [se daría una situación a la que] llamaremos situación de transición." [5]

Hay aquí, desde luego, varias confusiones u oscuridades. La mención continua del "aparato estatal" parece traer a mientes la diferencia entre poder del Estado y aparato estatal que Lenin hizo en la discusión con Trotski acerca de los sindicatos.[6] Desde este punto de vista se podría pensar que la contradicción se produce todavía dentro del Estado burgués, aunque compartiendo con la burguesía el aparato estatal, o que la "situación de transición", al mismo tiempo que divide la dominación o control

Facultad de Ciencias Económicas de la Universidad de Chile, 1972.
[4] *Ibid.*
[5] *Ibid.*
[6] Pero también en varios otros textos.

128

del aparato estatal, se prolonga en una suerte de *status* de incertidumbre temporal en el poder del Estado.

Ramos expone una visión de la cuestión del poder dual como algo que ocurre en el seno del mismo tipo de Estado, una noción heterodoxa en relación con el leninismo, como hemos visto.[7] Se habría "creado en Chile —escribe— una situación cuya peculiaridad, desde el punto de vista de clases, la dualidad de poder que expresa en una línea demarcatoria al interior del propio aparato estatal existen más que en el enfrentamiento al aparato estatal de burguesía por uno alternativo a él que expresa los intereses del proletariado y sus aliados, como era el caso, por ejemplo, de los soviets frente al Gobierno Provisional".[8]

Es una visión más próxima a las definiciones de Trotski que a las de Lenin, pero sólo más próxima a ellas. En realidad, tampoco Trotski habló de que la dualidad de poderes se manifestara en la adquisición de secciones del Estado burgués. Incluso dentro de la definición "extensa" de Trotski, él pensó que la dualidad de poderes debía fundarse siempre en la existencia de órganos de poder estatal no burgueses, órganos que, por tanto, no podían preexistir en la legalidad del Estado burgués. Pero esta definición de Ramos, que es arriesgada en principio[9] y falsa en definitiva, se ve compensada con ciertas cautelas inmediatas. Aunque la existencia del órgano de poder proletario debe preceder a la enun-

---

[7] Véase *supra*.
[8] Cf. Ramos, *Chile*, etc.
[9] Porque, para justificarla, tendría que elaborar una teoría sobre el poder dual, cosa que no hace en este texto por lo menos.

ciación de la existencia de un poder dual, Ramos supone que dicho órgano (lo que él llama el poder alternativo) es algo que puede existir *después* del poder dual. Es decir, invierte el orden natural de las categorías, lo cual quizá podría ser el esbozo de una nueva teoría sobre el problema (no importa si falsa o verdadera), pero a condición de que fuera expuesta con rigor y extensión. Tal es lo que ocurre cuando dice que "tal dualidad de poder se expresa en el interior del aparato existente (como el control de la rama ejecutiva del gobierno) pero no se agota en él ni mucho menos encuentra su origen en él y, por tanto, no puede resolverse en él, sino, en rigor, deberá resolverse contra él".[10]

Sostiene, de otro lado, que "el aprovechamiento a favor del proletariado y sus aliados de la parte del poder político conquistado requiere profundizar y desarrollar formas avanzadas de poder popular, tales que permitan asegurar una derrota definitiva y completa de la antigua clase dominante".[11] En un plano general, esta convocatoria a la constitución de "formas avanzadas de poder popular", es decir, de órganos estatales proletarios es, sin duda, correcta. Pero es una convocatoria a hacerlo; no significa todavía que esos órganos existan ya. Por otra parte, aunque él dice que "se trata de un en-

10 Ramos, *op. cit.* Salvedad correcta, a diferencia de sus otras definiciones
11 Ramos escribe que "la conquista del poder político pasa (no es lo mismo que, ni se agota en) necesariamente por la destrucción del ejército permanente y la policía, en tanto instrumento de represión en favor de la burguesía y en contra del proletariado, puesto que en el uso de la fuerza que ellos suponen se fundamenta el uso de la violencia de la burguesía". *Chile: ¿Una economía de transición?, op. cit.*

frentamiento de clases no resuelto plenamente", y aunque afirma que no se ha producido lo que se llama el "quiebre definitivo", es decir, la situación revolucionaria, sin embargo Ramos asegura que ya existe una dualidad de poderes en Chile. La disposición del ejecutivo por la Unidad Popular, estando todavía el legislativo y el poder judicial en manos de la burguesía, propondría una situación de poder dual. Tampoco estas aseveraciones son correctas. No sólo porque una dualidad de poderes es impensable sin la existencia definida del órgano estatal proletario, ni sólo porque debe producirse fuera del tipo de Estado anterior (como Estado proletario o, si se quiere, como poder alternativo ya en funcionamiento) sino porque es un carácter fundamental de la dualidad de poderes el que ella deba producirse en la víspera misma del "quiebre definitivo", es la antesala física de un enfrentamiento radical, un antagonismo culminante y no una preparación.

La tesis de que Chile estaría viviendo una fase de poder dual es, por eso, incompatible con la definición leninista. La situación chilena no llena ninguno de los requisitos expuestos para describir el poder dual clásico: no es una situación de facto, las clases no han esbozado su propio Estado por separado, no tienen su propio aparato de coerción enfrentado el uno con el otro (sino que el aparato represivo es una suerte de árbitro estatal). Pero lo fundamental radica en que se trata de algo que sucede dentro de la estructura legal chilena y no fuera de ella. Sobre esto cabe un razonamiento elemental: lo que está previsto como aceptable por una legalidad quiere decir que no es considerado vitalmente contrario a ella. Trotski mismo, como se ha

131

podido ver, aunque admitió tantas situaciones heteróclitas en relación con la definición leninista como formas de dualidad de poderes, tampoco consideró como tal a ningún episodio sucedido en el seno de la legalidad burguesa. En algún sentido podría quizá, a lo último, pensarse en la coyuntura actual de Chile como una situación de tránsito hacia una futura dualidad de poderes, pero esto mismo debería contar con el supuesto de que el poder dual es una fase necesaria, una fase inevitable en la construcción del socialismo, afirmación que es discutible a su turno, como lo veremos.

DIVISIÓN DE PODERES Y PODER DUAL

Con todo, el "momento presente" de Chile tiene mucho más que ver con la historia del Estado capitalista avanzado que con la figura de la dualidad de poderes.

El proceso de las revoluciones burguesas, en efecto, se caracterizó por un doble carácter en relación con el Estado. La burguesía necesitaba, por una parte, realizar o completar las tareas de la unificación, tomado el concepto en su orden general. Ello se refiere en realidad a un conjunto de tareas, desde la unificación del poder estatal mismo y la definición de su ámbito (humano y espacial) hasta la construcción del mercado interno a través de sus condiciones jurídicas. En la historia de las revoluciones europeas, por otra parte, por cuanto donde primero se expresó el poder político de la burguesía fue en el parlamento, necesitaba frenar u oscurecer las atribuciones del ejecutivo, que fue sin duda el último baluarte de la monarquía absoluta. La aparición del derecho escrito (su consagración como norma), la superioridad que el parlamento se otorgó a sí mismo en materia de impuestos y tributos, los derechos del individuo (del ciudadano), son todos aspectos de la construcción del Estado capitalista moderno.

La burguesía parecía tener una precoz conciencia de que le era tan necesario controlar el poder del Estado como vigilar que la fase no controlada del aparato del Estado no se convirtiera en un competidor de su hegemonía. Ello se expresa de modo adecuado en la fórmula de Montesquieu: *"Il faut que par la disposition des choses le pourvoir arrête le pouvoir"*.[12] Es efectivo que, en ese momento del desarrollo de la clase, "la mayor garantía de la libertad está dada en un Estado donde, en vez de existir un solo poder, existen varios que, oponiéndose entre sí, se moderan recíprocamente".[13] Como ha hecho notar Kelsen, es verdad que lo que se conoce como principio de la separación de poderes no es propiamente una separación de los mismos sino una suerte de división de trabajo, de intercontrol, contra la concentración de poderes que era propia de la monarquía absoluta.[14]

Veamos de qué engañosa manera puede interrelacionarse la consecuencia avanzada del principio de separación de poderes con la tesis del poder dual.

Si se conviene en que son elementos esenciales del Estado (de todo Estado) población, territorio y

[12] Cf. *Esprit des lois.*
[13] Cf. Jorge Tristán Bosch, *Ensayo de interpretación de la doctrina de la separación de los poderes,* Ed Peuser, Buenos Aires, 1945.
[14] Cf. H. Kelsen, *Teoría general del derecho y del Estado,* Universidad Nacional Autónoma de México, 1969.

poder político, bien podemos proseguir esta enumeración hasta su consecuencia. La población, por ejemplo, no existe sino como población históricamente determinada y además como población específicamente diferenciada, en su internidad. No existe sino como clases sociales. Tampoco existe en abstracto el territorio, dato cartográfico, sino el territorio histórico, es decir, el territorio económicamente integrado o, por lo menos, políticamente determinado. No, finalmente, el poder político en abstracto sino la dominación de la clase hegemónica sobre las otras clases y también sobre el territorio histórico, que es el espacio material donde se realiza la dominación de clase.

Acéptese por esta vez empero la latitud delusoria de los elementos esenciales clásicos. Dentro de ellos, dos elementos esenciales materiales: población y territorio; un solo elemento esencial propiamente estatal: poder político o soberanía o irresistibilidad. Eso es claro: el Estado es el poder, la dominación organizada, la dictadura siempre. ¿Quién practica ese poder? No el mismo Estado, que es una abstracción o *relación,* sino una clase; a veces, ni siquiera la clase por sí misma, sino la clase por medio de sus agentes o emisarios en el aparato o por medio del "inconsciente" del aparato del Estado, que es la burocracia.

Pero la clase son los hombres que la componen, sus organizaciones, sus dirigentes. La dualidad de poderes no consiste en que una clase social o un bloque de clases ocupan el legislativo y otra u otras el ejecutivo o a la inversa. Eso no es el poder dual porque, si así fuera, cualquier alcalde comunista de Italia, cualquier grupo de diputados comunistas en Francia conformarían ya un caso de dualidad de poderes. ¿Qué se dirá entonces de la participación del Partido Comunista en el gobierno francés, en 1945, cuando las elecciones generales dieron una mayoría absoluta en la Asamblea Constituyente a socialistas y comunistas?[15] Entonces, sin duda, el Frente Popular tenía más influencia electoral que la que hoy tiene la Unidad Popular en Chile. Pero Allende tiene más poder real que Thorez entonces como superministro y nadie ha hablado nunca de que Francia hubiera vivido una fase de poder dual. Hemos de explicarnos por qué.

Es bien conocida la relación entre el sistema de las libertades burguesas y los requerimientos de la conquista o construcción del mercado interno, ésta sí una fase imprescindible en la acumulación capitalista. El obrero debe poder vender libremente su trabajo; la desvinculación entre el medio de producción y el trabajador es una necesidad del capitalismo. Por consiguiente, la separación de poderes de Montesquieu (o que se conoce atribuida a él) fue solamente la aplicación de las libertades burguesas al aparato del nuevo Estado, preservando la independencia de la burguesía como clase. Fue, por otra parte, una etapa en el camino de la elaboración de la independencia relativa del Estado (el poder diferido). En cualquier forma, la separación de poderes y la propia independencia del Estado ocurren de una manera en un país central y de otra muy diferente en un país atrasado como Chile.

Como petición de principio, sin embargo, nos parece que la endeblez de la proposición de Ramos radica en que sitúa al nivel del funcionamiento formal del aparato del Estado burgués la dualidad

[15] Véase R. Miliband, *El Estado en la sociedad capitalista*, Siglo XXI Editores, México, 1970.

de poderes que, para existir, debe hacerlo al nivel de los elementos esenciales del Estado. Localiza en el aparato del Estado un poder dual que debe existir en el poder del Estado mismo.[16]

Apenas si necesita afirmarse que la separación de poderes, así como es una manera de asegurar la dominación de la clase sobre el Estado sin entregarlo indiviso a ninguna de las fracciones de sí misma, así también puede expresar la lucha de clases nacional (es decir, exterior a la clase dominante) en el seno de ese Estado. La dominación no se produce puramente y el Estado mismo proyecta una correlación, proporción o combinación de fuerzas en la política total del país. El propio origen de la separación de poderes, por lo demás, está en la lucha de clases entre la aristocracia y el rey primero y, después, entre la burguesía y el rey, cuando la aristocracia ya ha desaparecido como protagonista del antagonismo. Interesa pues averiguar de qué manera y en qué medida la separación de poderes logra existir realmente en una sociedad atrasada en lo económico y cómo la lucha de clases puede manifestarse por en medio de ella.

CLASE OBRERA-PARTIDO Y BURGUESÍA-ESTADO

Se sabe qué es lo que pensaban Marx y Engels acerca del Estado. En principio, no era sino "un comité para arreglar los asuntos comunes de toda la burguesía".[17] Su destino es hacer posible la reproducción del sistema capitalista (las relaciones de

---

[16] Véase nota 5 del capítulo primero.
[17] *Manifiesto comunista.*

producción capitalistas) [18] o la creación del sistema capitalista, o sea la unificación del modo de producción. En este sentido, el Estado cumpliría, en relación con la burguesía, el papel que el partido proletario cumple en relación con la clase obrera: al margen del partido, la clase obrera no puede ver sino sus intereses económicos inmediatos, debe estancarse en el sindicalismo y no puede producir sino una conciencia pequeñoburguesa.[19] Es el partido lo que permite comunicarse a la clase obrera con la clase obrera, lo que hace posible su identificación como conjunto y lo que permite la inserción o fusión del impulso espontáneo de la clase con el socialismo científico. Por eso no existe una verdadera conciencia de clase sino en el partido; el partido *es* la clase para sí.

Las fracciones de la burguesía realizan su unidad como clase dominante en el seno del Estado burgués, a diferencia del proletariado. El Estado es su comité unitario y esto es lo que explica la escasa importancia de las luchas políticas electorales entre partidos que representan sólo a zonas diferentes de la misma clase (como Estados Unidos) [20] y también, de algún modo, la inestabilidad tradicional del poder político en los países atrasados: aquí, los sectores dominantes, sea por la presencia del imperialismo, sea por las grandes diferencias que tienen entre sí por el abigarramiento de su formación social, no logran crear ese "comité para arreglar los asuntos comunes" de la clase dominante. En los paí-

[18] Althusser, *Ideología y aparatos ideológicos de Estado,* Cuadernos La Oveja Negra, 1971.
[19] En el *Qué hacer;* pero también en otros textos.
[20] Véase Miliband, *op. cit.* Lo mismo ocurría en el Uruguay antes de que entrara en crisis el sistema liberal.

ses desarrollados, en cambio, es tan profundo el acuerdo en torno a la necesidad de que ese "comité" exista que el Estado puede realizar los fines históricos de la burguesía aun en contradicción con los intereses inmediatos de la burguesía de carne y hueso.[21]

DOBLE AUTONOMÍA DEL ESTADO

Tenemos pues una doble autonomía del Estado. De un lado, su autonomía relativa respecto de la base económica; por el otro, la que se produce respecto de la propia clase dominante en el seno del Estado capitalista avanzado. Para el marxismo, la superestructura jurídico-política debe corresponder al grado de desarrollo de las fuerzas productivas; pero si el poder político sólo fuera el fenómeno de la base económica, si sólo la expresara mecánica y automáticamente, no habría necesidad de la revolución o la revolución ocurriría de hecho. La réplica o retorno de la superestructura sobredetermina a la base económica y acelera el desarrollo de las fuerzas productivas[22] pero su eficacia depende del momento histórico, que es el que da mayor o menor validez a una región determinada de la estructura social.

El socialismo, por ejemplo, no preexiste a la dictadura del proletariado, aunque la producción ya se ha socializado en gran medida en el capitalismo, pero es, en cambio, la dictadura del proletariado

[21] Es el caso de Roosevelt, por ejemplo, citado por Miliband.
[22] L. Althusser, *La revolución teórica de Marx*, 6ª ed., Siglo XXI Editores, México, 1971.

138

la que construye el socialismo. Este desarrollo no paralelo o incorrespondiente o quebrado es el que explica por qué un modo de producción puro, como el inglés pudo dar lugar a una superestructura jurídico-política impura en Inglaterra y cómo, sin embargo, en Francia, una superestructura en la que el triunfo de la burguesía fue masivo, no alcanzó sino a crear un tipo de desarrollo capitalista con importantes supervivencias o resacas de la pequeña producción mercantil.[23]

En la autonomía relativa del Estado capitalista avanzado es donde mejor se realiza el trabajo de la burocracia moderna que, a su turno, se mueve con gran comodidad en el escenario que le da la separación de poderes. La impersonalidad de las decisiones, que es un afán tan característico de la burocracia actual, se realiza así mejor que nunca. El Estado capitalista, como es natural, conserva su unidad teleológica de clase por en medio de la supuesta independencia de la burocracia, por en medio de la separación de los poderes, por en medio de la presentación exitosa de la ideología burguesa como el orden lógico y permanente de las cosas.

Estos supuestos, extensamente descritos para el caso de los estados capitalistas avanzados, resultan ilustrativos por demás para entender qué es lo que sucede en el Chile de hoy.

LOS "PARTIDARIOS DEL ESTADO" EN CHILE

Pongamos el ejemplo del ejército, aquella suerte de burocracia especial en la que se concentra o conden-

---

[23] Cf. N. Poulantzas, *El marxismo en Gran Bretaña.*

sa el aparato represivo del Estado. El ejército en Chile no actúa en política, por lo menos inmediatamente. Aun así, hay que distinguir entre el ejército como fuerza-testigo y el ejército en actividad, como se lo vio durante la llamada crisis de octubre.[24] ¿Cuál era el tipo de racionalización dentro del que actuó entonces? O, para decirlo de otro modo, ¿a quién se dirigió entonces —y se dirige ahora— el sistema de obediencia del ejército? [25] ¿Es que actuó entonces como actuó porque los oficiales habían resuelto adoptar como suyo el programa de la Unidad Popular? Puede ser que tal ocurriera con algunos sectores; como institución misma empero, el ejército actuó en la crisis obedeciendo al Estado, no importa quién estuviera en ese momento designado como soporte de los órganos estatales. En esto consiste el sentimiento institucionalista del ejército chileno.

De un modo menos flagrante, es lo mismo que ha ocurrido con la Contraloría o con el Tribunal Constitucionalista, que son instancias estatales características del sistema chileno. El gobierno de la Unidad Popular *logró* en ciertos casos que la Contraloría o el Tribunal Constitucional se pronunciaran en favor de sus puntos de vista. Pero es

---

[24] El ejército encaró la crisis de octubre, que era un masivo acto de resistencia al gobierno de Allende, sin vacilaciones, en cuanto se sentía parte natural del orden estatal. Eso favoreció a la Unidad Popular pero también expresó ciertas tendencias bonapartistas que nacen del fondo mismo del Estado en Chile.

[25] ¿Cuál es, por ejemplo, la ideología del ejército en Bolivia? Sin duda el anticomunismo, aunque dentro de los marcos dados por 1952. Para el ejército chileno, la existencia del Estado parece ser un dato más poderoso que cualquier llamado ideológico.

algo que, en rigor, se logró, algo que se obtuvo. De ninguna manera éstas, que son verdaderas instancias arbitrales entre los poderes del Estado (y de hecho más próximas a la ideología oficial del Estado chileno, que es la burguesa, que a la ideología del proletariado), actuaron obedeciendo al ejecutivo. Había aquí un mecanismo en funcionamiento que sólo se puede explicar si se lo vincula con la particular evolución histórica del Estado chileno. Es un hecho efectivo que estas instancias arbitrales, cuando se pronunciaron en favor de algún punto de vista del gobierno popular, no lo hicieron por razones ideológicas.

Cuando el ejército acata las disposiciones del Ejecutivo, está acatando al Estado al que se le ha llamado a conservar. La autoridad estatal está realizada aquí en un sentido moderno, como una relación impersonal y transprogramática. Éste es, precisamente, el grado en el que existe en Chile la llamada autonomía relativa del Estado.

Se trata, sin duda, de un caso directo, de un ejemplo típico. Pero ¿en qué sentido debe entenderse esta cuestión de autonomía relativa del Estado, que ha sido desprendida de la historia de los países avanzados, en un país subdesarrollado como Chile? Es un problema que no deja de tener sus propias paradojas.

EL MARXISMO, ACERCA DEL ESTADO

Marx escribió que "tanto las relaciones jurídicas como las formas de Estado no pueden comprenderse por sí mismas ni por la llamada evolución general del espíritu humano, sino que radican, por

141

el contrario, en las condiciones materiales de vida
cuyo conjunto resume Hegel, siguiendo el prece-
dente de los ingleses y franceses del siglo xviii, bajo
el nombre de 'sociedad civil', y la anatomía de la
sociedad civil hay que buscarla en la economía".[26]
Para él, "el modo de producción de la vida material determina el proceso de la vida social, política
y espiritual en general".[27]

Era fácil que una exégesis vulgar de esas tesis de
Marx se derivara en un mecanismo cuyo resultado
final no podía ser sino la supresión o la poster-
gación de la política. Por eso Engels protestó contra "la engañosa noción de los ideologistas que sugiere que, porque nosotros negamos un desarrollo
histórico independiente de las diferentes esferas de
la ideología, negamos también todo efecto de ella
sobre la historia. La base de esto es la vulgar concepción antidialéctica de la causa y el efecto como
polos rígidamente opuestos, la total omisión del concepto de interacción".[28]

Como era ostensible, si la determinación de la
base económica sobre la superestructura jurídico-política fuera tan fatal, permanente, ineluctable, habría bastado con esperar a que ella se desarrollara
y manifestara por sí misma en la superestructura
Los sujetos históricos no serían sino guiñoles de
los hechos económicos. Las cosas no eran tan sen-
cillas y Engels las vio con claridad: "¿por qué lu-
chamos por la dictadura política del proletariado
si el poder político es económicamente impotente?

[26] Cf. *Introducción general a la crítica de la economía política,* 1857.
[27] *Ibid.*
[28] Cf. Carta de Engels a Franz Mehring, datada en
Londres el 14 de julio de 1893.

¡La fuerza (esto es, el poder estatal) es también un poder económico!" [29]

Marx fue todavía más lejos. En *El 18 Brumario* expone cómo el Estado se independiza de las fracciones de la clase dominante. "La República parlamentaria era algo más que el terreno neutral en el que podrían convivir con derechos iguales las dos fracciones de la burguesía francesa, los legitimistas y los orleanistas, la gran propiedad territorial y la industrial. Era la condición inevitable para su dominación en común, la única forma de gobierno en que su interés general de clase podía someter a la par las pretensiones de sus distintas fracciones y las de las otras clases de la sociedad." [30]

Definición ésta conforme en todo con la del *Manifiesto comunista*. Pero después interpreta el papel de Luis Bonaparte en la modernización total del Estado francés: "Bajo la monarquía absoluta, bajo Napoleón, la burocracia no era más que el medio para preparar la dominación de clase de la burguesía. Bajo la restauración, bajo Luis Felipe, bajo la República parlamentaria, era el instrumento de la clase dominante, por mucho que ella aspirase también a su propio poder absoluto. Es bajo el segundo Bonaparte cuando el Estado parece haber adquirido una completa autonomía",[31] aquella "centralización del Estado que la sociedad moderna necesita".[32]

Con este proceso, el Estado capitalista avanzado adquiere una autonomía relativa cada vez mayor

[29] Cf. Carta de Engels a Conrad Schmidt, datada en Londres el 27 de octubre de 1890.
[30] Cf. *18 Brumario*.
[31] *Ibid.*
[32] *Ibid.*

no sólo en relación con su base económica (lo que no requiere demasiado, porque ya está de acuerdo con su base económica) sino en relación con las propias clases dominantes. Las características de la burocracia moderna que Weber describe creando "un sistema prácticamente indestructible de relaciones de autoridad",[33] por ejemplo, son las que corresponden a este aparato, que, sirviendo finalmente a los intereses de una clase y obedeciendo en último término a la determinación económica de la base, sin embargo tiene un conjunto de mediaciones que responde a la autonomía relativa de las instancias de la estructura, que ha sido estudiada tanto en su aspecto filosófico general como en el especial.[34]

EL EPISODIO SUPERESTRUCTURAL EN LA TEORÍA
DEL PAÍS ATRASADO

Todo esto no es ninguna novedad. ¿Por qué importa, empero, recapitular estos esclarecimientos del marxismo moderno en relación con un país subdesarrollado como Chile y su "momento actual"? Porque la determinación EN ÚLTIMO TÉRMINO de la base económica sobre la superestructura política es algo que ocurre de un modo mucho más inmediato en una formación social atrasada: aquí el Estado no tiene las astucias que en un país avanzado.

En esta suerte de países, en efecto, dicha autonomía relativa que los sociólogos del mundo desarrollado describen morosamente o existe poco o no

[33] M. Weber, *The theory of social and economic organization.*
[34] Sobre todo en Althusser.

144

existe en absoluto. Aquí, la clase dominante ejerce directamente el poder, *manu propria*. Eso mismo, cuando puede hacerlo. En realidad, en una semicolonia, la continua interferencia externa del imperialismo impide incluso la consolidación de una clase dominante interna. Pero aun si el escenario de la construcción de la dominación quedara fuera de la órbita imperialista, los sectores potencialmente dominantes difícilmente tienen el mismo grado de modernidad (corresponden a modos de producción diferentes) y, por consiguiente, tampoco crean fácilmente su "comité para el arreglo de sus asuntos comunes". ¿De qué autonomía relativa podemos hablar aquí? Los expertos norteamericanos suelen trabajar prácticamente en la misma oficina que los ministros latinoamericanos. Los ejércitos tienen su propia constante guerra civil interior y la burocracia sencillamente no tiene más duración que la del gobierno que la designa. ¿Qué tiene esto que ver con la "era burocrática", con el "proceso de burocratización en la civilización occidental",[35] sobre los que escribió Weber? A lo sumo se trata de un reparto en especie del aparato estatal entre los extranjeros imperialistas y la oligarquía lugareña.

El estudio del episodio superestructural y, más propiamente, de la cuestión del Estado dependiente suele omitirse de hecho dentro de la teoría del subdesarrollo, aunque debería ser su núcleo explicativo. Es toda una tendencia a describir el hambre crónica o la baja productividad en la agricultura o la industrialización disminuida o la hipertrofia del sector terciario o el crecimiento demográfico y las grandes desigualdades sociales pero omitiendo

---

[35] Weber, *op. cit.*

la causa-efecto fundamental del atraso moderno que es la cuestión del Estado, es decir, el carácter tardío de las burguesías de la periferia y por consiguiente el carácter tardío asimismo de su Estado, la forma de la disposición del poder político.

Se sabe, sin embargo, qué es lo que sucede con el Estado subdesarrollado (por llamarlo así). Es un aparato incoherente o inadecuado para realizar no sólo una verdadera política de crecimiento económico sino cualquier tipo de política autónoma. No es soberano y, por tanto, hay una ruptura ontológica porque la soberanía es el Estado y al revés, el Estado es la soberanía. Se trata entonces de un remedo, que no sirve sino para repetir o reproducir la línea de la decisión política central, que está localizada en otro Estado, en el Estado imperialista. Por eso se estuvo tan cerca del poder dual en Bolivia del 52; porque, aunque ni la burguesía ni el proletariado habían madurado realmente, el proletariado tenía que encararse no con un ser sino con una prolongación (hablando en términos estatales).[36]

Es un problema rotundo. ¿Cómo encarar la modernización desde una máquina administrativa que está edificada en formaciones obsoletas o caóticas de poder o que no ha recibido sino de un modo difuso y contradictorio aspectos de las instituciones políticas existentes en los países desarrollados? Un Estado subdesarrollado no puede producir, normalmente, sino una débil política económica y está

[36] Prolongación del imperialismo. Patiño no era otra cosa ni Hoschild ni Aramayo. De ninguna manera construyeron una burguesía local; por el contrario, ellos se hicieron parte de la burguesía inglesa o de la norteamericana, etc. Eso es lo que se llamó "rosca" en Bolivia.

146

obligado, en cambio, a recibir condicionamientos externos a él, sin mayores posibilidades de transformarlos en su favor. Depende de un mundo cuya influencia o invasión no es capaz de controlar sino a través de una respuesta patética. Su vida no puede desarrollarse normalmente; si quiere hacerlo, se ve obligada a desarrollarse violentamente, con algún grado de agresividad práctica.

Es un círculo vicioso que resulta clásico: la falta de una decidida política económica tampoco da lugar a la modernización del Estado y la ineficacia del Estado no permite la existencia de una resuelta política. Éste es un hecho que tiende a ser obviado como si el subdesarrollo existiera solamente al nivel de la infraestructura. Pero las cosas son al revés. El Estado es el principal obstáculo para el desarrollo de las fuerzas productivas en los países atrasados y la cuestión de la formación del Estado en las colonias, ex colonias y semicolonias está lejos de ser una cuestión secundaria. Los economistas tienden a ver sólo como economía una economía que en realidad fracasa como política, como poder político.

UNIFICACIÓN E INDEPENDENCIA EN LA BASE ECONÓMICA

Veamos cómo se concreta la cuestión de la doble independencia del Estado. En primer término, en relación con la base económica. Cuando se habla de formación social con un modo de producción dominante dentro de ella, parecería que se está describiendo una forma redonda y ya lograda de unidad interna de la sociedad. Es una descripción estática, pedagógica. En la articulación, como es ló-

147

gico, tanto el modo de producción dominante influye sobre los demás como los demás sobre el modo de producción dominante. De otra manera, si el modo de producción dominante lo fuera absolutamente, entonces la unidad ya se habría producido. Influyen unos en otros pero también luchan entre sí y se interparalizan.[37] Lo que se llama unidad del Estado o centralización en realidad sólo se realiza completamente cuando el modo de producción capitalista ya se ha impuesto a plenitud. O sea que, de todos modos, algunas de las tareas democrático-burguesas, la principal de las cuales es la unificación, sobreviven mientras dicha unificación no se ha realizado en torno del modo de producción capitalista. El limitar la unificación a los episodios territoriales o culturales es, en este campo, un error enorme. Si la unificación no se produce en la base económica, en realidad no se ha producido del todo todavía. Por consiguiente, aunque la unidad territorial se haya logrado en un país atrasado, sin embargo, mientras subsistan resacas o supervivencias de modos de producción previos, la burguesía no ha cumplido totalmente uno de sus objetivos fundamentales cual es la centralización. Mientras más se demore la unificación, por otra parte, más consistente se hará el abigarramiento, más inextirpable, más difícil la resolución de la cuestión nacional.

INDEPENDENCIA RESPECTO DE LA CLASE DOMINANTE

Sabemos, por otra parte, cómo describió Marx la construcción de la independencia relativa del Estado

[37] Los modos de producción, en efecto, no simplemente se combinan. Hay una contradicción constante entre ellos y, en suma, una convivencia o coexistencia que quiere desaparecer.

francés. Puesto que la contradicción de poder se daba entre fracciones de la clase dominante, en una sociedad sin dependencia externa (dato fundamental), era natural que llegaran a ponerse de acuerdo o que aceptaran el *fait accompli* de un aparato estatal que, sin representar directamente a ninguna de las fracciones, sin embargo las sirviera a todas en su conjunto, a veces incluso contradiciendo los apetitos inmediatos de alguna de las fracciones de la clase dominante. La independencia en este caso es una prolongación de la unidad del Estado: sirve para consolidarla y desarrollarla.

Las cosas se dan de un modo bastante diferente en un país atrasado. Aquí las tendencias de las fracciones de la clase dominante no son concéntricas; son altamente centrífugas. La burguesía imperialista, extranjera por tanto, no sólo no está interesada en la centralización y en la creación de un mercado interno, sino que hace un enclave para servir a su propio mercado, el de la metrópoli. La burguesía intermediaria sigue esas tendencias. La clase dominante precapitalista o semicapitalista, la oligarquía terrateniente, es contraria a las tareas agrarias de la revolución democrático-burguesa y, por consiguiente, también a la centralización. A lo sumo las débiles burguesías nacionales industriales y el proletariado son las clases que promueven la centralización. No obstante, mientras es casi imposible que aquélla (la burguesía industrial) se desarrolle a plenitud en un Estado que es su enemigo en último término, el proletariado puede realizarse como clase, al margen de la suerte que sigan ese Estado y esa burguesía.

La raíz más frecuente de la inestabilidad política en este tipo de países está, por eso, en las contradicciones irresolubles entre las clases dominantes que están sometidas además (no olvidarlo) a la presión de problemas sociales que no son capaces de solucionar ni en un mínimo. De esta manera, el ejército, por ejemplo, sirve sucesivamente a los terratenientes o al imperialismo; pero, en determinados casos, excepcionalmente, como consecuencia quizá de sus motivaciones y actividades institucionales (es uno de los pocos sectores que no puede dejar de ser central),[38] puede asumir la tarea de la centralización (sirviendo a las burguesías nacionales, no importa que ellas lo apoyen políticamente o no) y de aquí proviene el carácter relativamente progresista de las experiencias bonapartistas en los países atrasados. Por el carácter de la formación social de estos países, dichas experiencias, sin embargo, difieren de hecho del bonapartismo clásico y tienen sus propias imposibilidades.

A reserva de su propio juego de matices, la base económica determina directamente (y no sólo en último término) el carácter del Estado en un país atrasado. La superestructura jurídico-política aquí no es autónoma de la infraestructura y, en cambio, la corresponde. Sin embargo, puesto que de todas

[38] La sola existencia del ejército, tomado como hecho "nacional", es antagónica con el feudalismo, con el regionalismo y con toda forma de disgregación de la unidad estatal. Marx, por ejemplo, advertía que "el ejército resultó [en España] el único lugar en que podían concentrarse las fuerzas vitales de la nación española". También habla de "la guerra de la independencia contra Francia, que hizo del ejército no sólo el principal instrumento de la defensa nacional sino también la primera organización revolucionaria y el centro de la acción de esa naturaleza en España". Véase *Revolución en España*.

maneras hay un sector más moderno en la formación social (la pequeña fracción capitalista que, sin embargo, ha logrado un resquicio en la dominación imperialista), se dan intentos de modernización esporádicos, como los intentos bonapartistas o semi-bonapartistas.

AUTONOMÍA DEL ESTADO EN CHILE

Se trata de un conjunto de características que son más o menos una norma en lo que se refiere a la superestructura política de un país atrasado. Pero es algo que, como todo, tiene sus excepciones. Chile es una de ellas.

En efecto, una conocida dificultad en el estudio de los países subdesarrollados es su diversidad. En esta materia se puede decir que el atraso es la heterogeneidad y el desarrollo la homogeneidad.[39] Es un hecho fácilmente comprobable. Hay países subdesarrollados que son estables en su política, aunque la mayor parte de ellos no lo son; se puede mantener el carácter de país subdesarrollado aunque se disponga de ciertos indicadores propios de los países desarrollados (en alimentación, en salud, etc.); suele haber una industrialización importante en el seno mismo del subdesarrollo (la industrialización dependiente) y, en fin, es posible afirmar en conjunto que cada país subdesarrollado

[39] Nos referimos a lo siguiente. Cada país atrasado tiene más acentuadas ciertas características del subdesarrollo. Como resultado, el aislamiento y la diferenciación son muy grandes entre estos países. Los indicadores económicos son, en cambio típicos o estándar entre los países industrializados.

es un caso aparte. Lo que conocemos como modelo de país subdesarrollado es algo que sólo existe en forma ocasional.

Chile demuestra que, en un país atrasado, que acumula prácticamente todos los indicadores que corresponden a la noción del subdesarrollo (aunque de un modo atenuado),[40] sin embargo el Estado puede ser un aparato bastante moderno, aunque la estructura económica y social siga siendo subdesarrollada.

Chile es pues, en este sentido, una excepción, porque no hay muchos países subdesarrollados que tengan un Estado como el suyo, y su carácter corresponde al de la diversidad esencial del mundo subdesarrollado.

El Estado de Chile es moderno (en la autonomía o ratificación en el tiempo de su burocracia, en el desprendimiento o estatalismo de su ejército, burocracia especial, en el modo de funcionamiento del equilibrio y la separación de los poderes, en la incorporación de las contradicciones externas a la autoridad al aparato del Estado, que es también un modo de difusión o disolución de su existencia como antagonismo) pero su economía no lo es sino en aspectos delimitados, por enclaves. Eso es resultado de una historia formal-institucional notable sin atenuante. Lo que se llama la historia de Chile es en realidad la historia de su Estado; tan importante es la constancia y la transformación de la autoridad, de la mutación de la autoridad y de la localización de la autoridad en el desarrollo de la sociedad chilena. El sobredesarrollo del Estado como aparato, devorando, arrastrando o por lo menos condicionan-

[40] En cuanto a ingreso *per capita*, tasa de incremento demográfico, distribución del ingreso, etc.

152

do las vías de desarrollo de las fuerzas sociales que debían determinarlo, si la relación base-superestructura hubiera sido rutinaria o lineal, es algo que pertenece a la originalidad de esta historia. Sobre los orígenes empíricos de este complejo sociológico se puede hacer algunas inferencias[41] pero ellas no son necesarias para la deliberación acerca de Chile como "Estado actual". En cualquier caso, es debido a esta causa el que la economía de Chile se parezca a las de los demás países latinoamericanos (sobre todo a las de los más avanzados) pero su aparato estatal no.

SOBREDESARROLLO ESTATAL CHILENO

Debe subrayarse dos hechos: primero, que la originalidad o excepcionalidad del subdesarrollo chileno consiste en que aquí la autonomía relativa del Estado ha sido realizada en un grado superior al promedio de los países periféricos del mundo, o sea que hay un sobredesarrollo estatal e institucional en Chile. Como la autonomía relativa del Estado es algo que corresponde a una fase específica del capitalismo de las naciones centrales, el hecho es

41 No es imposible que el temprano desarrollo del esquema autoritario en Chile tenga que ver en su origen con las necesidades que resultaban de la larga guerra contra los araucanos. El ser una tierra de frontera requería el desarrollo de los instrumentos de una defensa común. Posteriormente, en la sustitución de las exportaciones de trigo por las de salitre o en la industrialización en el siglo xx el mismo Estado desempeñará un papel relevante. Las respuestas a los *challenges* recibidos son las que se traducen en el itinerario institucional del país.

153

tanto más llamativo por cuanto sucede en el seno de una sociedad dependiente. En segundo término, que la práctica de la separación de poderes llevada hasta su consecuencia última es, al mismo tiempo, un escenario de manifestación de la lucha de clases y un freno a su plena expresión, considerando que ella (la separación de poderes) es una aplicación en la realidad formal de la autonomía relativa del Estado de Chile.

Es una aseveración que debe formularse con más extensión. Ella sigue existiendo, desde luego, dentro de las reglas de relación base-superestructura. Está claro que ésta, la superestructura, en realidad sólo prolonga la condición de la base; incluso cuando se independiza de ella, en cierta medida es sólo para mejor expresarla (negándola mecánicamente en un instante, la expresa, la realiza y prolonga en su cualidad en el *largo plazo* dentro del que debe enjuiciarse esta relación),[42] para realizarla en su ultimidad.

Se sabe en cambio que, si el análisis estanca su objeto en el momento de la coyuntura (no en el largo plazo o totalidad del análisis del tiempo), la superestructura no siempre está en el mismo nivel de desarrollo que la base económica. A veces está delante de ella y a veces detrás de ella. En el caso de Chile, tradicionalmente por delante de la base económica, falsamente más perfecta que la base a la que debía corresponder, por la excepcionalidad

---

[42] Es algo que se refiere al "tiempo" de un Estado: el período de la determinación no puede ser fijado en relación con el momento actual o incidente o coyuntura sino en consideración de toda una fase histórica. Por el contrario, la sobredeterminación pertenece a los períodos o momentos excepcionales de una sociedad.

de su formación social. Hasta Allende, esta distancia o delantera del Estado tenía una meta conservadora; servía sobre todo para sobrevivir como distancia tal; el objetivo del Estado burgués chileno era absorber, con las astucias de su mayor modernidad, las circunstancias del atraso objetivo de su *sociedad civil*.[43] Es pues un tipo de discrepancia entre una instancia y la otra muy diferente de la que se produce, por ejemplo, en el caso de la dictadura del proletariado, cuando el poder político (que es también un poder económico, como dictaminó Engels) transforma desde arriba, puesto que ya está resuelto o definido, una base económica que ha quedado rezagada con relación a él. Una gran diferencia, sin duda, una diferencia óntica entre el Estado burgués y el Estado proletario. El objeto de aquél es la ratificación y la reproducción de las relaciones de producción existentes;[44] el objeto de la dictadura proletaria es precisamente el opuesto.

PAPEL DE LA SUPERESTRUCTURA EN EL MODELO CHILENO

El propio éxito en el desarollo formal de un Estado como aparato (su desarrollo democrático-liberal) puede impedir la concentración del poder político, imponer que sea equívoco y no unívoco, como instrumento técnico de la mediatización de la lucha entre las clase. Se puede decir lo mismo de otra manera: el precoz triunfo formal del aparato estatal burgués puede incluso impedir la realización de una

[43] El papel de CORFO en la industrialización de Chile demuestra este rezagamiento de la economía con relación al Estado.
[44] Cf. Althusser, *op cit*.

155

tarea fundamental (y no formal solamente) de la
burguesía organizada como Estado, que es la centralización. En todo caso, el desarrollo institucional
formulado a la manera de Chile como espécimen
histórico impone que los órganos de poder y los
soportes pertinentes no correspondan a un solo poder político. Montesquieu se convierte en un instrumento de la independencia del Estado, fenómeno
que no había previsto ni remotamente, como es
natural.

En Chile, los aspectos formales del Estado democrático-burgués están considerablemente desarrollados. La más visible consecuencia presente de este
marco objetivo se advierte en la paradoja de que
la Unidad Popular pueda a la vez ocupar el núcleo
del aparato estatal, el Ejecutivo, sin abarcar tampoco por eso el poder del Estado propiamente, como
conjunto y ni siquiera la totalidad de su aparato.
En la nomenclatura política local se dice, por eso,
que se ha conquistado el gobierno (es decir, el
aparato, la fase principal del aparato) y no el poder; que la conquista del poder es una fase que
se realiza recién ahora, *a posteriori*.[45] Normalmente, empero, el gobierno debe ser el poder del Estado en movimiento, su modo de aplicarse o insertarse o identificarse en el objeto político de la realidad. Pero también el gobierno o aparato puede
ser un lujo o desinhibición que pueda permitirse
a sí mismo el poder del Estado, un símbolo de su

[45] "El pueblo ha conquistado el gobierno, que es una
parte del poder político. Necesita afianzar esta conquista y avanzar todavía más, lograr que todo el poder
político, que todo el aparato estatal pase a sus manos."
En el Informe al Pleno del cc del Partido Comunista,
en noviembre de 1970. Citado por Ramos.

invulnerabilidad, en la certeza de que los términos finales del poder de clase no serán sustituidos.

Se supone sin duda que, en determinado momento, el segmento de poder que está ahora en manos de la izquierda se comunicará hegemónicamente con todos los demás, que ahora lo contradicen. Ahora bien, lo normal (para volver a usar este término) es que la política económica sea posterior al poder político, vale decir, que la plenitud del poder político se exprese en una política económica, que no es sino la práctica del poder del Estado en el ámbito de las relaciones de producción. En la mayor parte de las experiencias socialistas del mundo, la solución de la cuestión del poder fue previa en absoluto a la decisión de la política económica. Puede decirse que, entonces, un poder ya definido intentó en esos casos incluso varios tipos de política económica. Los bolcheviques lanzan la NEP porque su poder ya está previamente definido. No lanzan la NEP para perfilar su poder político sino que están en condiciones de lanzar aun un esquema de política económica como la NEP porque la disposición del poder es algo que se ha hecho anteriormente indisputable.

Ése no es el caso del Chile actual. En la experiencia del lugar, no hay duda de que la política económica ha sido planteada como una de las vías de la construcción del poder político o, por lo menos, como su extensión y confirmación.[46] La política económica, por otra parte, intenta a la vez utilizar los medios propios del tipo de Estado existente en Chile (preexistente a la Unidad Popular, no creado por ella) pero no al servicio de ese

[46] Tesis desarrollada sobre todo por Pedro Vuskovic en sus principales actuaciones públicas.

Estado sino para sustituirlo o transformarlo hasta el momento en que la transformación sea el equivalente de una sustitución. Se sigue esa modalidad pero no con la intención de mantenerla: "Trátase de usarlo [el gobierno] para destruir el sistema que con él se buscaba administrar".[47] Este proyecto de superestructura jurídico-política debe actuar sobre la base económica antes de haber resuelto sus propios problemas, sus conflictos y alternativas interiores como instancia. Se supone que después la base económica rebotará determinando la sustitución o el cambio de las relaciones en la superestructura. Esto es, en suma, lo que se ha venido a llamar la vía chilena.

CHILE DE 1973, ALEMANIA DE 1895

A estas alturas está clarísimo el grado en que tal situación está más cerca de Montesquieu que del Lenin de las "Tesis de abril"; que se inserta mejor en las leyes del Estado capitalista avanzado que en las del poder dual ruso de 1917. Tampoco cabe, sin embargo, razonar en el sentido de que se trata, por ello, de una proposición heterodoxa en esencia, en relación con la tradición marxista. No sólo porque el marxismo es una guía para la acción (y no una *summa theologica,* como se dice) sino porque existen antecedentes concretos en el propio marxismo que avalan la posición de los actuales izquierdistas chilenos. Por ejemplo, en el prólogo de Engels de 1895 a *La lucha de clases en Francia* se dice que "con este eficaz empleo del sufragio uni-

[47] Ramos, *op. cit.*

versal [es decir, de la legalidad burguesa avanzada] entraba en acción un método de lucha del proletariado totalmente nuevo". Que entonces "se vio que las instituciones estatales en las que se organiza la dominación de la burguesía ofrecen nuevas posibilidades a la clase obrera para luchar contra estas mismas instituciones... Y así se dio el caso de que la burguesía y el gobierno llegasen a temer mucho más la actuación legal que la actuación ilegal del partido obrero, más los éxitos electorales que los éxitos insurreccionales".[48] Engels dice además que "la ironía de la historia universal lo pone todo patas arriba. Nosotros, los 'revolucionarios', los 'elementos subversivos', prosperamos mucho más con los medios legales que con los medios ilegales y la subversión. Los partidos del orden, como ellos se llaman, se van a pique con la legalidad creada por ellos mismos".[49]

Vamos a aceptar, para el uso de la exposición solamente, la hipótesis de que, en cuanto a su desarrollo democrático burgués, la Alemania de 1895 se parece al Chile de hoy, en la medida en que una cosa puede parecerse a otra en la historia. Con todo, no se puede dejar de tener en cuenta que el ascenso electoral de la socialdemocracia alemana no condujo a la construcción del socialismo; por el contrario, con ella, el poder estatal burgués de Alemania se apoderó de toda la sociedad alemana y se vio allá, ejemplarmente, que usar los métodos

[48] En su larga introducción a *Las luchas de clases en Francia de 1848 a 1850*, suscrita en Londres el 6 de marzo de 1895.

[49] "Se vio que las instituciones estatales en las que se organiza la dominación de la burguesía ofrecen nuevas posibilidades a la clase obrera para luchar contra estas mismas instituciones." *Ibid*.

ajenos implica el riesgo inmediato de incorporarse a ellos. El remate fascista del proceso alemán no puede ser explicado como una mera catástrofe táctica.

Sin embargo, no faltan ciertos argumentos que favorecen los términos del esquema chileno. Mientras en Alemania la construcción de la independencia del Estado correspondía a la índole de su base económica, de su ascenso capitalista, aquí en cambio las cosas suceden al revés. En Chile, la independencia del Estado es una anomalía, una excepción, un postizo histórico; no corresponde a un gran desarrollo capitalista de su economía. Eso podría significar, en un plan de razonamientos optimistas, que aquella falsa autonomía del Estado es, en último término, realmente una pura superestructura que es dable utilizar sin peligro de que ella devore a la izquierda; que la derecha, puesta ante una *situación esencial*, echará por la borda ese lujo o retórica (sus mentiras egregias), que no correspondía al carácter atrasado y dependiente del capitalismo en Chile. La izquierda en ese sentido representaría a la verdad de carne y hueso de la sociedad chilena, al descontento de sus clases fundamentales; la derecha, entre tanto, no se fundaría sino en un hueco: el aparato estatal hipertrofiado y la fuerza de una ideología largamente implantada, una alienación que fue exitosa hasta hoy pero que no tiene por qué serlo indefinidamente.

Si las cosas siguieran ese camino, la legalidad se tornaría, en efecto, algo ya obsoleto e inservible para la derecha, sería posible que ellos, los partidos del orden "se vayan a pique con la legalidad creada por ellos mismos" y que, en cambio, la clase obrera pueda intentar con éxito el uso de la legalidad o la transformación interna del Estado burgués en un régimen estatal proletario. No obstante, nosotros consideramos que la lucha de clases se está dando en Chile de un modo más premioso al nivel de la superestructura misma y que hay latentes tendencias bonapartistas en el interior del Estado chileno, que surgen del corazón de su historia y que son probablemente más poderosas que lo que haya en él como germen o tendencia hacia un Estado obrero. En todo caso, esto es lo que queda del planteamiento de Ramos acerca de una presunta "dualidad de poderes" dentro del actual Estado chileno.

REFUTACIÓN DEL PODER DUAL CONSIDERADO COMO FASE NECESARIA

La cuestión de la dualidad de poderes en Chile se ha planteado el asunto también, sea como una reticencia ("todavía no hay una dualidad de poderes")[50] o como consigna ("construyamos la dualidad de poderes"). En ambos casos, parecería estar presente el concepto de que la dualidad de poderes es una *fase necesaria* entre el Estado burgués y el Estado proletario, de la misma manera en que la dictadura del proletariado es una fase necesaria entre el capi-

[50] En una discusión dispersa estas tesis figuran por ejemplo en los artículos *Los demonios burocráticos,* de José Valenzuela (*Chile Hoy,* 20 de julio de 1972) , *Acerca de demonios y tesis falaces,* de Sergio Ramos (*Chile Hoy,* 27 de julio de 1972) , *La Asamblea Popular de Concepción* (*Chile Hoy,* 7 de noviembre de 1972), de Marta Harnecker, *Dos líneas políticas y el Estado ¿burgués?,* de Cristina Hurtado, en el mismo número, y *Los comandos comunales y el problema del poder,* de Marta Harnecker (*Chile Hoy,* 14 de diciembre de 1972) .

talismo y el socialismo. Es obvio que se trata de una concepción que sigue los lineamientos de la teoría trotskista sobre el poder dual; en el segundo caso, con un añadido voluntarista que no estaba en la exposición de Trotski.

En realidad, no se puede "decidir" la existencia de una fase de poder dual, así como no se puede resolver que una situación revolucionaria exista. Ambas dependen de los factores objetivos, del desarrollo de las circunstancias materiales del "momento actual". Por ejemplo, un cierto desarrollo de la burguesía y un cierto desarrollo del proletariado (o de las clases equivalentes, si se acepta la tesis de Trotski) son necesarios para que exista un poder dual; pero es necesario además que ambos desarrollos sean aproximadamente paralelos. Mientras más realizado sea el polo burgués y más poderoso a la vez el polo proletario, más probabilidades hay de que se produzca una fase de dualidad de poderes; se produce el *entrecruzamiento*. Ambas clases aparecen en el escenario de la coyuntura mostrándose aptas a la vez para el mismo poder. Pero se sabe que no es suficiente que haya una débil burguesía para que exista un poderoso movimiento obrero. El poder del movimiento[31] a su turno no depende sino de un modo lateral del número de los proletarios y del desarrollo industrial de un país. Tampoco el movimiento obrero es débil sólo porque la burguesía es débil asimismo, ni es débil siempre porque la burguesía sea fuerte. Si el poder burgués es eficiente, extinguirá el embrión de poder obrero en el principio, *ab ovo*. No abrá dualidad de poderes ni

[31] Entendiendo por tal el movimiento espontáneo de las masas y su cotejo con el grado de existencia del partido proletario.

nada parecido; simplemente, habrá una exitosa revolución burguesa y democrática.

Pero también puede producirse el derrumbe (literalmente, un derrumbe interno, una inexistencia o desaparición política fulminante en el momento decisivo) de uno de los polos, como consecuencia de su insuficiente desarrollo, de su falta de bases mínimas materiales e ideológicas para su existencia, antes aún de que llegue a desarrollarse la situación revolucionaria que dé lugar a la dualidad de poderes. El poder dual se resolvería entonces antes de existir, moriría en su propia raíz, se decidiría en el mismo momento en que quiere pronunciar su existencia o antes aún de existir formalmente.

El imperialismo ni es capaz ni está interesado en la realización de las tareas burguesas internas de un país. A lo sumo genera, en la medida en que es absolutamente dominante, una feble burguesía intermediaria, incapaz de construir ese conjunto de mitos, persuasiones y convicciones masivas sin los cuales no existe el aparato ideológico del Estado moderno.[52] Pero la dificultad de la burguesía en la elaboración de su existencia (causada por el imperialismo) no se presenta de igual manera con relación al proletariado; éste puede desarrollarse con los mismos obstáculos que tendría que encarar si tuviera que enfrentarse con su "propia" burguesía.[53] En tales países, por eso, el proletariado puede con-

[52] Hablamos, como es natural, de un país atrasado.
[53] Hay una medida, en efecto, en que es una ventaja enfrentarse con el imperialismo y no con una propia burguesía con iniciativas. Los imperialistas, después de todo, no conocen el lugar, se equivocan siempre con relación al país, son débiles aquí donde hasta nuestra debilidad es más fuerte que su fortaleza.

vertirse a la vez en el sujeto histórico de la revolución burguesa y de la revolución proletaria, que no devienen por tanto sino fases o etapas en el seno de una sola estrategia socialista. El "derrumbe interno" de esa burguesía, en la crisis nacional general, no da lugar a la dualidad de poderes sino que la clase obrera contiene en su interior dos tipos de revoluciones en vez de una. Éste es el concepto de la revolución ininterrumpida, que está presente a todo lo largo de la obra de Lenin.

La dualidad de poderes no existe pues necesariamente y en todos los casos; se produce solamente allá donde, en el momento de la crisis histórica, las clases básicas se *ven obligadas* a aceptar una fase de poder dual, porque no han podido imponer al punto su propio poder global. Es una falacia hablar por eso, en general, del poder dual como de algo que deba existir necesariamente en cierto momento; es una falacia, asimismo, hablar de su construcción imprescindible, como pródromo del poder global. Una clase muy rezagada, tardía y dependiente puede ser incapaz incluso de plantearse un proyecto de su propio Estado y puede perecer políticamente antes de hacerlo. Las clases, en efecto, suelen derrumbarse por sí mismas antes de ser vencidas. Pero *la clase emergente, en cambio, debe preocuparse de la construcción de sus propios órganos estatales, desde el principio, al margen de que en rigor llegue a constituirse un poder dual o no.*

Es evidente que, en el juego de un casuismo puro, se dirá que de todos modos hay "un momento", por lo menos "un instante", en que el poder del Estado no es todavía una exclusividad de nadie. No ha sido tomado del todo todavía por la clase asaltante; no ha sido abandonado del todo por la clase

164

llamada a ser destituida. Pero no se puede sustituir con la formulación de una obviedad lo que se refiere en cambio a la existencia antagónica y paralela de dos Estados en el campo que debe ser de uno. Para eso se requiere (aunque la brevedad en el tiempo es parte del carácter de la figura) que los dos polos existan por lo menos el tiempo necesario para alcanzar su perfil como Estados.

Segunda parte

IV

ALGUNOS PROBLEMAS IZQUIERDISTAS EN TORNO AL GOBIERNO DE TORRES EN BOLIVIA

FILIACIÓN DEL 7 DE OCTUBRE

La que describe al 7 de octubre[1] como un acto de poder llevado a cabo por la alianza entre la clase obrera y el nacionalismo militar es una fórmula afortunada. Debemos guardarnos empero de las seducciones (y las simplificaciones) de una fórmula afortunada. La misma palabra alianza sugiere un pacto de voluntades; pero aquí se trató en verdad de un acto unilateral de poder por parte de Torres, un acto de poder que, por otros conceptos, tampoco habría sido posible sin el apoyo espontáneo —asimismo unilateral, por tanto— de los trabajadores.

La necesidad de conseguir una corteza explicativa, aunque para eso se sacrifique a la verdad misma, se ha confabulado con ciertos intereses políticos muy específicos para decir que la izquierda sacrificó a Torres al servicio de sus embelecos, que ofrendó un poder de carne y hueso en el altar de sus falsas doctrinas. No hay una sola izquierda en Bolivia,

[1] De 1970. Ovando es derribado por un triunvirato constituido por los representantes de las tres armas. En un acto político notable, Torres proclama la resistencia a esa Junta, convoca a los obreros y se hace presidente. El triunvirato llega a durar sólo unas horas porque la clase obrera sale a las calles.

ni en parte alguna que se sepa, y las cosas tienen su propia complejidad, su propio movimiento, de un modo tal que no pueden dar complacencia a los que quieren sustituir a la historia con sus propios mitos. Es por eso por lo que resulta tan necesario ahora actualizar el origen, la filiación y la práctica del gobierno de Torres, las modalidades con las que la izquierda recibió este fenómeno de tipo semibonapartista, el carácter de la Asamblea Popular, las alternativas en el desarrollo de las clases a las que respondió y, por último, las circunstancias en que fue vencido un esquema de poder que la izquierda jamás pudo organizar. Es una experiencia rica y a la vez frustránea, característicamente boliviana en la riqueza de su contenido de clase.

Es indudable que el pequeño grupo nacionalista del ejército no habría podido impedir el ascenso de Miranda si no hubiera contado con la expectativa del respaldo obrero. No obstante, si la clase obrera hubiera omitido a los militares nacionalistas, no habría podido tampoco por sí misma botar a Miranda. En este sentido, es justo afirmar que una cosa sostenía a la otra, que el ascenso de masas ocurrió bajo la permisión militar y que el nacionalismo militar, que era minoritario, tampoco habría significado mucho si no hubiera tenido la posibilidad de potenciarse en determinado momento con la convocatoria a la clase obrera. Los obreros y los militares siguen siendo los sectores estratégicamente superiores, los grupos decisivos de las luchas sociales.

CONVERSIÓN DE LOS OFICIALES

Torres fue un azar favorable para la izquierda pero no una construcción sistemática y coherente de la

170

izquierda. En lo personal, él venía de una confusa
historia. Su concepción de la política era obliga-
toriamente empírica y se concretó en dos conceptos
constantes, que fueron el nacionalismo y el institucionalismo. Es importante, para entenderlo, tener
en cuenta, sobre todo, la religión institucionalista
de los oficiales de su tipo. ¿Por qué participa tan
resueltamente en el 4 de noviembre, en la creación
de la Restauración? Porque el 4 de noviembre era,
entre otras cosas, el desquite del ejército, la vuelta
de los oficiales. Torres era un seguidor muy próximo de Ovando, desde hacía tiempo, y Ovando era
entonces del jefe de los institucionalistas, su estra-
tega político, el constructor del retorno político del
ejército. ¿Por qué se hace después populista? Esto
es parte de un hecho social más amplio que es la
radicalización de la pequeña burguesía después de
la guerrilla de Ñacahuazu y, en esta materia, es importante estudiar el relevante papel que tiene el
"estado de ánimo" político de las capas medias con
relación al ejército. Los oficiales mismos, de un
modo o del otro, aunque sean una burocracia especial, son parte de las capas medias o las capas
medias son los estratos a los que ellos pueden referirse con una mayor proximidad. Lo que ocurra
socialmente en esas capas ocurrirá después de un
modo reconcentrado en el ejército. Ésta es la importancia que tienen estos sectores intermedios que,
sin existir en la política por sí mismos, son sin
embargo el escenario para el desarrollo de la "cantidad" humana de las clases que sí existen por sí
mismas, como el proletariado. De todas maneras,
Torres (siguiendo a Ovando) se hace restaurador, siguiendo los intereses de su institución; pero, cuando
la Restauración trae consigo una extensa impopula-

171

ridad para el ejército, Torres se hace populista,[2] otra vez en defensa de los intereses de su institución. "No podíamos subir ni a los colectivos", afirmará, cuando se trate de justificar ante los oficiales el nuevo viraje del ejército, las nacionalizaciones, las concesiones a la clase obrera. En medio de todo, como una explicación no pronunciada por nadie, el fantasma del 52. Para los fines que eran servidos por Torres, era preciso que los oficiales, cuyo uniforme los volvía algo así como portadores físicos de una institución entera, pudieran subir a los colectivos sin que los rodeara la respiración del rencor de las gentes. En la construcción de sus motivaciones subjetivas, aquella vieja batalla de abril del 52 abrumaba como una pesadilla a la conciencia de

2 Este término, populismo, es utilizado varias veces a lo largo del presente trabajo. Se lo usa no en el sentido de la historia de los partidos rusos sino en el que le dan todos los estudios políticos latinoamericanos. Es una corriente que trata de disolver el concepto concreto de lucha de clases en la inconcreta noción de "pueblo". Así también lo dice Lenin. Por ejemplo, en *Dos tácticas:* "La socialdemocracia ha luchado y lucha con pleno derecho contra el abuso democrático-burgués de la palabra 'pueblo'. Exige que con esta palabra no se encubra la incomprensión de los antagonismos de clase en el seno del pueblo... Divide al 'pueblo' en 'clases', no para que la clase avanzada se cierre en sí misma con una medida mezquina, castre su actividad con consideraciones como la de que no vuelvan la espalda los amos de la economía del mundo, sino para que la clase de vanguardia, que no adolece de la ambigüedad, de la inconsistencia, de la indecisión de las clases intermedias, luche con tanta mayor energía, con tanto mayor entusiasmo por la causa de todo el pueblo y al frente del mismo."
O, también, "la idea de la lucha de clases es remplazada [en los neoiskristas] por la idea de una revolución popular de toda Rusia".

los oficiales. Pesaba lo mismo en el ánimo de los restauradores que en el de los militares populistas, sólo que aquéllos querían destruir a sus enemigos y éstos querían seducirlos. La pérdida de la paz que había significado para ellos lo del 52 no les permitía comprender las reglas de la guerra verdadera y así vivían como *esprit de corps* lo que en realidad ocurría como posición de clase. Por amor a su cuerpo, Torres se embarcó en una aventura a la que, de otro modo, no habría llegado jamás. En la historia, en efecto, suele suceder que uno vaya donde el camino quiera.

PERPLEJIDAD Y DIFERENCIACIÓN DE LA IZQUIERDA

Se produce esta transformación en los oficiales del tipo de Torres —un tipo de oficial más sensible que el común, en todo caso— como la decisión de una fracción del ejército al servicio de los intereses del ejército. Ellos consideran entonces que están asumiendo el espíritu histórico del ejército, es decir, sus intereses a largo plazo. Si la presencia de la izquierda influye en ello es sólo por inercia; es su peso, la fuerza de su mera existencia lo que hace que los militares más perspicaces se sientan en el apuro de referirse a ella; su fuerza actuará pero no su actividad. La práctica de la izquierda no se dirigía en ese momento al ejército, no lo solicitaba; por el contrario, la izquierda, en esa coyuntura, no podía impedirse ser antimilitarista en uno u otro grado. Torres llega pues como un desafío a la izquierda, a su capacidad de adaptarse en una situación jamás prevista; Torres, en suma, es el ejército tratando de ganar puntos y prestigio ante la izquierda. En cada medida ha de verse después este carácter de su gobierno. La nacionalización de Mina Matilde es un ejemplo elocuente. Aunque la vinculación con los obreros está a la mano, Torres no discute con ellos el modo de la medida. La deliberación se reserva al gobierno. Tropas del ejército ocupan las instalaciones de la mina y se entrega la medida sorpresivamente, como un obsequio del ejército nacionalista a la clase obrera, el 1º de mayo. Torres quiere mostrar las cosas como si el ejército estuviera liberando a la clase obrera. Después asiste al desfile obrero a ocupar un puesto ganado. Cuando los obreros dejan que Torres y su comitiva se alejen del cuerpo del desfile y marchen solos, como ocurrió a continuación, no estaban practicando un mero acto descortés: estaban asumiendo la diferenciación que Torres mismo había impuesto. Los obreros apoyaban la medida pero era evidente que se trataba de un gobierno que, por lo menos en ese instante, no reclamaba su participación sino su apoyo.

Esta suerte de gestos es característica: Torres nacionaliza, en nombre del ejército y con la mano del ejército, cuando las nacionalizaciones ya significan poco para la clase obrera, cuando se sabe de sus limitaciones y sus imposibilidades.

En efecto, casi diez años después de la nacionalización de las minas en 1952 y después de haber nacionalizado dos veces el 90 por ciento de la inversión extranjera, la clase obrera boliviana tenía ocasión abundante para saber que ni siquiera la más avanzada de las nacionalizaciones puede remplazar a la reconstrucción "interna" del sistema. Los rusos llegaron a aceptar inversiones extranjeras pero podían hacerlo sin destruirse porque estaban en la dictadura del proletariado; una semicolonia, en cambio, puede nacionalizar toda la inversión extranjera sin por eso alterar su dependencia cualitativa. Por eso, incluso partidarios tan fervorosos de la nacionalización del petróleo como Sergio Almaraz reclamaban como un hecho previo la "nacionalización de nuestro propio gobierno". Los límites de las nacionalizaciones estaban claros a esas alturas entre la clase obrera; pero no lo estaba en igual grado el concepto de la "cogestión", que era igualmente limitado, aunque importante.

Sin embargo, al mismo tiempo que nacionalizaba y daba pábulo a la reaparición temible de aquellas masas enterradas por años por el barrientismo, es decir, a la vez que ofendía e intimidaba a la derecha al servicio de una lógica institucionalista, tampoco llegaba a la conclusión de este acto. Con una bivalencia característica, el propio institucionalismo es el que impidió a Torres encarar de un modo resuelto el armamento del pueblo. Era como una inclinación a la autosupresión: el mismo motivo le servía para provocar a sus enemigos y para imposibilitarse su defensa. Repartirá armas, aunque poquísimas, a la hora nona y cuando la situación ya no tendrá remedio; dejará hacer a quienes pretendan armarse, pero no luchará realmente por su propio poder.

LA ACUMULACIÓN DEL PODER

El margen de libertad y de influencia que consigue la izquierda en este gobierno es considerable, sobre todo en comparación con la época de la Restauración. ¿Por qué se dice, sin embargo, que Torres

175

fue un azar favorable? Porque la izquierda no esperaba un viraje semejante *desde dentro* del poder militar. Se preparaba para derrocar o por lo menos para afrontar al poder militar en su conjunto, desde tácticas diferentes, pero no para que una fracción militar se aproximara a ella.

Ocurrió aquí lo que suele suceder en todos los casos en que el poder político se concentra o acumula en un solo "lugar" político. En la práctica de la dominación, la destrucción de las contradicciones externas por un acto de puro poder vertical es quizá la más vieja de las ilusiones. Cuando el MNR acumuló sobre sí todos los mecanismos políticos de Bolivia, hasta convertirse no en un partido sino en la política misma; cuando se apoderó de todos los instrumentos y de casi toda la cantidad humana de la política, quiso realizar ese sueño del poder total, interno e intangible. Las contradicciones, por un momento, desaparecieron afuera; pero sólo para expresarse de un modo aún más devastador, *dentro* del organismo que no las dejaba existir fuera de él. Es pues una mala política suponer que los problemas desaparecen sólo porque uno les prohibe que digan su nombre por sí mismos. En el monopolio del poder que el ejército se atribuyó a partir de 1964 (pues desde entonces la soberanía radica en el Cuartel General) ocurrió lo mismo que con el MNR. Ovando y Torres estaban expresando a la política que, al haber quedado interrumpida o incompleta en su manifestación normal, exterior, partidista, pasó a expresarse insidiosamente, en los partidos en que se dividió el ejército.

Ovando primero y Torres después tomaron de sorpresa a la izquierda, que nunca pudo desarrollar una táctica segura frente a ellos, que se redujo a una táctica desconfiada y cautelosa como única prolongación de su perplejidad política. La evolución del gobierno de Ovando parecía confirmar el acierto de esta táctica del recelo: Ovando, en efecto, comenzó nacionalizando el petróleo y terminó dirigiendo una banda de *racketeers*. Las cosas sucedieron de una manera diferente con Torres. Por eso es tan importante analizar en qué se parecían Torres y Ovando y en qué se diferenciaban, en qué se complementaban, en la medida en que dos caras de una misma forma se alejan hasta abominarse.

Ambos son gobiernos semibonapartistas, por lo menos en el sentido de que, fundándose en el poder del ejército y en un remate personal del mando, practican una equidistancia política (la autonomía del aparato estatal no existe en un Estado subdesarrollado) con relación a las clases. Ambos son gobiernos nacionalizadores, institucionalistas (con relación al ejército) y negociadores: pero aquí se interrumpen las coincidencias. Mientras Ovando cree que con la nacionalización del petróleo ha ganado ya un margen absoluto de maniobra que le permite burlar a la clase obrera y volver a un esquema reaccionario, preso de los hilos atroces del barrientismo, Torres es consciente agudamente de que debe convivir con un efectivo poder obrero, de que sin los obreros se rompe el equilibrio que le permite existir. Ovando suponía que, después de la nacionalización de la Gulf, las matanzas de guerrilleros y los asesinatos quedarían como hechos insignifican-

177

tes. Quería liquidar físicamente a la fase más inmediatamente peligrosa de la izquierda y a la vez acentuar al máximo el prestigio del ejército. Torres no; sabía de las limitaciones de su poder pero *quería* un poder limitado. Sabía que el precio de un verdadero poder sería la disminución del ejército y el crecimiento de la clase obrera. Éste era empero un bien que iba más allá que el bien que él deseaba. Durante el gobierno de Ovando, la clase obrera apenas si estaba saliendo de sus escondites, de los hábitos creados por la persecución. El tiempo, sin embargo, es a la vez breve y abundante en Bolivia y, así, lo que Torres no pensó sino como una prosecución se convirtió muy pronto en algo en todo diferente. El desafío fundamental al experimento de Ovando no fue en verdad la clase obrera, que no había tenido aquel mínimum de tiempo necesario para formular un plan político visible, palpable e inmediato, sino la guerrilla de Teoponte que, por lo menos en la apariencia pura, enseñaba la ceremonia de una amenaza profunda. Torres en cambio tuvo que trabajar frente a un hecho cumplido que cambiaba todo el contexto de las cosas. Para entonces, el movimiento obrero, reconstituido a plenitud sobre la base de su propia memoria organizativa, había hecho posible el 7 de octubre y ahora, sin duda, de abajo hasta arriba, reclamaba el reconocimiento de su poder. Entonces, por cierto, pudo ver la derecha que lo que debía temer en Bolivia era la clase capaz de congregar en torno suyo a la mayoría del pueblo, a partir de la conciencia de sí misma, y no a una vanguardia, cualquiera que fuera el nivel de su carisma .

Esta nueva presencia explica por qué el bonapartismo de Ovando tiene un remate reaccionario mientras que el de Torres concluye en una suerte de compromiso por la catástrofe con la izquierda. Ovando nace de un pacto con la intelligentsia nacionalista; Torres, de una acción conjunta con la clase obrera. Pero la experiencia de Ovando manchó la imagen del gobierno de Torres. Nunca pudo la izquierda tener con éste, con Torres, un pacto estable, un contrato de poder. Torres no lo buscaba; la izquierda no era capaz de plantearlo. Puesto que salía apenas de la experiencia de Ovando, trataba de obtener de Torres lo que podía, esperando su deserción en cualquier instante; le obligaba a hacer concesiones de un modo permanente porque temía que siguiera el curso de Ovando. Por esa vía, su influencia sobre un gobierno curiosamente débil y cazurro a un tiempo se hizo errática y autodestructiva. Es inútil buscar un culpable para esta oscuridad esencial de las relaciones entre Torres y la izquierda. El punto de ruptura se situaba en un hecho histórico más general. Sólo un partido previamente dominante o que se convierta en dominante en la instancia del flujo de las masas, situado en el interior de la clase obrera y no en un sitio cualquiera de la política, puede organizar con éxito el complejo juego de avances y retrocesos de que se compone la toma del poder. Pero los partidos que dependen del movimiento de las masas, lo que significa a la vez que en rigor no lo conducen, no son sujetos de los acontecimientos sino otro de sus objetos; están, en definitiva, a merced de ellos, cualquiera que sea el grado de conciencia de la situación que hubieran desarrollado sus dirigentes.

El trato con Torres se hacía arduo. En primer término, como se ha dicho, porque Torres no buscaba sino esporádicamente a la izquierda. Quería sorprenderla y también seducirla con un trato amistoso; pero no hay duda de que la temía fundamentalmente. Su plan político es una combinación extraña de veleidades que concluyen en una suerte de confusa honradez final. Hay un momento en que incluso intenta desplazar a la izquierda: es cuando se propone la construcción del *torrismo*. Era una tentación mecánica que salía de su conformación como régimen. El suyo fue un semibonapartismo anómalo. El torrismo era pensado como una manera política correspondiente a lo que fue el peronismo o el varguismo, es decir, como una convocatoria carismática que dejara atrás la inutilidad de las fórmulas previas, pero, aquí, la forma semibonapartista era anómala porque ocurría después del movimiento de masas y no antes de él; trabajaba con masas previamente organizadas y politizadas. Por consiguiente, en lugar de disolver las fórmulas previas en una forma nueva envolvente, era un poder basado en un equilibrio fláccido de fuerzas anteriores. Por eso se decía que Torres era el empate entre el ejército y la clase obrera.

Con tales supuestos Torres organiza una secretaría política que no intenta contactos orgánicos con la izquierda marxista pero sí la elaboración de la APR.[3] Por esto era, en realidad, una tercera

[3] La Alianza Popular Revolucionaria, que debió ser el "partido torrista". El razonamiento era que, habiendo los partidos de la izquierda fracasado históricamente y aun inmediatamente, debía hacerse un movimiento personalista. Un intento que fracasó *ab ovo*.

etapa en su recorrido político. Las dos anteriores habían sido: primero, el proyecto de una alianza con el MNR, que llegó a una fase muy avanzada (proyecto con el que cayó Ortiz Mercado) y, segundo, el intento de construir un frente con participación de varios grupos pequeños no marxistas, es decir, con toda la izquierda aceptable para la derecha militar. Un proyecto como el otro, como es visible, carecía de viabilidad y también careció de ella la APR. Hasta qué punto esta organización (la APR) se sentía rival y no aliada de la izquierda lo demuestra el temprano carácter anticomunista que cobró en Santa Cruz. En todo caso, cuando se habla de que la izquierda actuó con inmadurez hacia Torres (lo que es cierto pero por otros conceptos) no debe pasarse por alto otro hecho aún más categórico: que Torres jamás se propuso un contacto político serio con la izquierda; que, incluso cuando llegó a conversar realmente con ella, en las postrimerías del régimen, lo hizo cuando todos sus intentos para reducirla y sustituirla habían fracasado terminantemente.[4]

CUESTIÓN DE LA INICIATIVA

Hasta aquí hemos visto por qué Torres no podía o no quería convertirse en una expresión de la izquierda en el poder. Vamos a ver ahora por qué

[4] La excepción está constituida por los contactos de Torres con la Federación de Mineros en las últimas semanas de su gobierno, cuando el ascenso del golpe era ya irrevocable. Entonces, al parecer, Torres autorizó a los dirigentes mineros para hacer importantes gestiones en nombre de su gobierno.

la izquierda fue a su turno incapaz de proponer ella (puesto que Torres no lo hacía) un pacto político coherente, un contrato de acuerdos. Eso resultaba, en primer témino, de la división de la izquierda, como lo ha dicho todo el mundo. Ñancahuazu, en este sentido, creó a la vez la fuerza de la izquierda (porque rompió el aislamiento de la clase obrera y le permitió una expansión que no tuvo antes) y su debilidad (porque la propia izquierda se dividió en torno a lo de Ñacahuazú). Era resultado, por el otro lado, del hecho de que là iniciativa política no estaba en manos de la izquierda sino del nacionalismo militar. En las primeras horas después del 7 de octubre, Torres, por ejemplo, propuso la participación de obreros en el gabinete y se dice que hasta aceptó una mayoría de obreros en él.[5] Hubo después muchos reproches por no haberse aceptado este planteamiento; pero la clase obrera tenía la experiencia de los ministerios obreros del tiempo del MNR[6] y sabía que, sin

[5] La oferta de Torres fue efectiva pero fugaz. La COB se reunió y llegó a confeccionar una lista de ternas para los ministerios de un modo tan desordenado e invertebrado que la consecuencia política habría sido aún más desastrosa que los ministerios obreros del MNR. No eran propiamente ministerios obreros sino los nombres que preferían los dirigentes presentes de la COB y no se establecía ningún criterio para la cuenta ante los organismos obreros ni había instrumento político alguno que asumiera el papel de dar directivas a dichos ministerios obreros. Se estaba en eso cuando los propios ministros de Torres requirieron de urgencia a la COB que no presentara las ternas porque el hacerlo, en su concepto, iba a hacer inevitable e inmediato el golpe militar.

[6] Movimiento Nacionalista Revolucionario, el principal partido populista del país, que gobernó de 1952

182

una organización política que diera coherencia a la participación ministerial, los obreros iban a servir a un esquema ajeno en lugar de servirse de él. La verdad es que es más o menos fácil, posible de todos modos, corregir el curso de los hechos o retomar decisiones cuando la iniciativa está en manos de uno: pero convertir los acontecimientos que vienen desde fuera, como iniciativa de fuerzas políticamente inciertas, en actos políticos de control del poder, requiere de la existencia de un aparato de conducción particularmente consistente. No podía hacerlo la izquierda boliviana que no sólo estaba dividida y recibiendo una iniciativa ajena, bastante insólita, sino que ni siquiera era el amo del movimiento de masas sino su esclavo, como se verá más adelante en esta exposición. El desarrollo de los acontecimientos bolivianos deja como otra de sus enseñanzas para la izquierda que ésta debe tratar de tener siempre la iniciativa; que, una vez que logre un aparato correspondiente al nivel del ascenso de las masas (lo que no ocurrió), debe apoderarse de la iniciativa para no soltarla más. El lanzar la iniciativa, el recuperarla o conservarla es, en realidad, toda la política y es una pérdida de tiempo hablar de poder, de organización o de cualquier cosa si no se tiene la capacidad necesaria para hacerse dueño de la iniciativa histórica. Pero nada es tan difícil como convertir la iniciativa ajena en iniciativa propia, nada tan dificultoso como robar el comienzo de los hechos. Con la iniciativa en manos extrañas, son los hechos los que imponen

a 1964. Durante los cuatro primeros años, con ministros obreros y con los trabajadores en la administración de las minas nacionalizadas como "controles obreros" con derecho a veto.

el error de uno; uno naufraga en los actos ajenos. Y ésta es una conclusión que vale tanto para la política como para la guerra.

MASAS POPULISTAS Y EJÉRCITO

Si la iniciativa estaba en manos de Torres, era lógico que se le exigiera dar pruebas continuas de su buena fe revolucionaria. Pero si la izquierda la hubiera capturado, habría podido dar un margen mucho más. amplio a Torres, aun para existir. Un acuerdo acerca de las modalidades de creación de arsenales habría sido, por ejemplo, mucho más importante, en esa coyuntura, que la expulsión del Cuerpo de Paz o que las propias nacionalizaciones, que eran como regocijos con befas a los yanquis pero también actos que no afectaban a la decisión del poder político. Ese acuerdo era imposible por varias razones. Torres, como lo demostró hasta el final, no estaba interesado en armar a la izquierda, que era como desarmar al ejército, y prefería, en cambio, actos de sonoridad y atractivo como la expulsión del Cuerpo de Paz o las nacionalizaciones. La izquierda, a su turno, no tenía el mecanismo para plantear como conjunto una postulación semejante y así, mientras los partidos obreros[7] daban

[7] Por la combinación entre su arraigo en la clase obrera y el grado de su congruencia ideológica, no merecen ese apelativo en Bolivia sino el PCB y el POR (M). Ambos partidos radicaron su actividad fundamental en la construcción de la Asamblea Popular pero dentro de una línea de apoyo crítico a Torres. Aunque de un modo inconfeso, todos los partidos de la izquierda en Bolivia, quizá con la excepción del PCML, dieron dicho apoyo crítico a Torres.

184

por supuesto que había que respaldar a Torres tal como era, confiando en que el ejército lo sostendría "en la medida en que no hubiera provocaciones", la FSTMB[8] estaba reconcentrada en proyectos como la cogestión en COMIBOL,[9] otra vez desinteresándose (o planteándolo de un modo en extremo desvaído) del tema central, que era la defensa antifascista del poder y la fórmula dentro de la que el esquema Torres-Asamblea Popular debía sobrevivir.

De alguna manera, la izquierda tenía conciencia de que las cosas estaban sucediendo fuera de ella, que los verdaderos actores eran las masas populistas (es decir, aquellas que seguían existiendo dentro de las modalidades que les imprimió el populismo) y el ejército.[10] La existencia de Torres era el reconocimiento de esta posición históricamente dominante del ejército y la Asamblea Popular fue el

[8] Federación Sindical de Trabajadores Mineros de Bolivia, el organismo sindical más prestigioso del país. Bajo el control fundamental de Lechín, el PCB y el POR (L), pero también con participación de varios dirigentes mineros integrantes de FARO, que se integraron al Partido Socialista.

La actuación de la FSTMB ha sido tan sobresaliente, por sus tesis, por el nivel de sus dirigentes, por su presencia decisiva, que se puede decir que es también el núcleo revolucionario fundamental en Bolivia.

[9] Corporación Minera de Bolivia, empresa estatal de explotación minera creada sobre la base de las minas nacionalizadas a Patiño, Hoschild y Aramayo en 1952.

[10] Y no la izquierda y el ejército. Este matiz es por demás importante. La izquierda sólo relativamente y por sectores controlaba a las masas. Entre tanto, el ejército no dejaba de tener su espíritu de cuerpo, tanto con relación a Torres o el nacionalismo castrense como dentro de los planes de la derecha.

185

intento de organizar políticamente a las masas, aunque todavía sirviendo a ciertos aspectos de sus modalidades populistas. En este sentido, debe decirse
que la aceptación de la Asamblea y su consagración
fue el acto de gobierno más importante de Torres;[11]
y es el acto que, en definitiva, filia al de Torres como un gobierno realmente democrático; debe
decirse, a la vez, que fue el mayor esfuerzo para
dar coherencia ideológica a masas que no la tenían
por su carácter, aunque al mismo tiempo sirviendo
a determinados rasgos de ese carácter.

En cualquier forma, la conducción de estas masas,
en un proceso en el que el espontaneísmo tendía
a disminuir en su vigencia y los partidos obreros
a crecer en su influencia, era una prueba adicional
del grado de madurez logrado por la dirección proletaria. Lo mismo había ocurrido el 7 de octubre.
Allá lo rutinario, como a gritos lo pedían los universitarios, habría sido decir que tan militar era

[11] Una aceptación desganada siempre que comenzó
siendo una negativa no declarada para transformarse
en una condicionada aceptación. Los mecanismos políticos del gobierno, empezando por su secretaría política,
preguntaron de dónde venía la "legitimidad" de la Asamblea. Se les respondió que tenía el mismo origen que
la legitimidad de Torres, es decir, el acto de poder del
7 de octubre, que si Torres no deconocía el lado obrero
de ese acto, estaba también desconociendo el propio
origen de su legitimidad. El gobierno dijo que el Palacio Legislativo (donde debía reunirse la Asamblea) estaba en reparación y, en determinado momento, amenazó con instalar otra asamblea, sobre la base de los
campesinos. En las primeras reuniones, se temía en
cualquier momento una irrupción de campesinos go-
biernistas. A la larga, sin embargo, cuando vio que
era inofensiva para él, Torres aceptó negociar con la
Asamblea.

186

Torres como Ovando y Barrientos y no distinguir a
las fracciones que se movían dentro del Estado del
52. Un abstracto antigolpismo, que hubiera sido
como la recitación de una poesía clásica, podía conducir a que la clase misma estuviera tan patética-
mente ausente como los guerrilleros, que estaban en
Teoponte mientras las cosas sucedían en La Paz.
Los obreros, empero, trabaron contacto con Torres,
hicieron posible el triunfo de Torres (que era la
fracción progresista del Estado burgués) y desarrollaron sin cesar a partir de entonces su propio poder independiente dentro del triunfo de Torres, aunque sin depender de él. El Comando Político de
la clase obrera y la Asamblea Popular no fueron
sino el desarrollo de aquella brillante posición asu-
mida en el momento mismo de los acontecimientos,
tos, el 7 de octubre. Quizá nunca como en ese momento podía verse el grado en que esta dirección,
la obrera, era más madura, coherente y eficaz que
cualquiera otra en el país.

CONCEPCIONES SOBRE LA ASAMBLEA POPULAR

En lo ideológico, las posiciones que se desarrollan
grosso modo en el seno de la Asamblea Popular o
en las discusiones promovidas por ella son tres: 1)
la del POR (M),[12] que considera que la Asamblea
es ya el poder dual, el brazo obrero del poder dual,
que debe comenzar a ejercitar su poder cuanto antes, mediante la acción directa de las masas; 2) la
del PCB, que concretamente habla de la Asamblea
como escuela, es decir, una línea más gradual, con-

[12] El partido trotskista, cuyo dirigente e ideólogo más
visible es Guillermo Lora.

traria a la inmediatista de los trotskistas en la teoría pero su aliada en la práctica, posición en la que la ocupación de nuevos sectores del poder (la ocupación "desde arriba") debe ser complementada por la ayuda del mundo socialista para producir la transformación pacífica del régimen democrático de Torres en un régimen socialista, en un proceso ininterrumpido; 3) la del MIR,[13] que toma a la Asamblea como un germen de poder dual, es decir, un embrión de Estado obrero que no podía existir a plenitud si no creaba su aparato coercitivo previo, es decir, su fundamento armado, independiente de Torres y del ejército, aunque eventualmente aliado a ellos.

No se discute aquí la propiedad con que se habla de poder dual como figura histórica. La proposición era, en cierto modo, más adecuada que en 1952:[14] ahora era la Asamblea Popular, órgano de poder estatal generado a partir de la COB, la que encarnaba el lado obrero del doble poder en tanto que, en 1952, esta representación o delegación estaba en manos de la COB misma, es decir, del propio sindicalismo. Éste es un ejemplo de la dificultad con la que la teoría general se inserta en la vida diaria de los movimientos. La distinción entre lo que es un sindicato obrero, un partido obrero y un órgano de poder estatal proletario no queda definida en realidad sino en las discusiones posteriores a la caída de Torres, aunque parecería tan fácil tomarla de los textos clásicos. Era menos exacto, por lo demás, hablar de poder dual en el sentido de que, aquí, el lado obrero del doble poder

13 Partido creado por la fusión de varios grupos, un mes antes de la aparición de la Asamblea Popular.
14 Véase el cap. II.

era un brazo dependiente, que no tenía poder por sí mismo sino en la medida en que existía Torres a la vez. Esta internecesidad entre el nacionalismo militar y el poder obrero es la que se ha prestado a las más capciosas interpretaciones.

La falta de explicitud en las posiciones teóricas (su modo críptico) resulta un fenómeno endémico de los debates políticos en la izquierda boliviana, aunque a primera vista ellas resulten tan enjundiosas con relación al promedio latinoamericano. Esto obliga a un tipo de inferencias, por la vía del cotejo entre los documentos y las publicaciones con las posiciones concretas, que puede concluir fácilmente en una simplificación. El propio POR (M), por ejemplo, que es el partido del que mejor se puede documentar sus posiciones, no desarrolló su visión de la Asamblea Popular sino *a posteriori*. Reducir la interpretación del período que hacía el PCB al concepto de "escuela", que es lo que se deriva del informe presentado a su Conferencia Nacional, es también en cierto modo injusto porque ella no se complementa con otros documentos no divulgados, en los que la interpretación se hace más compleja. Relevar el planteamiento del MIR sobre la Asamblea es, por último, ofrecer una imagen distorsionada de la realidad. Mal o bien, el PCB y el POR (M) cargaron sobre sí con la responsabilidad de la existencia misma de la Asamblea Popular. Los demás partidos de la izquierda, en cambio, no podían hacer mucho más que comentar aquella iniciativa. Pero hay una gran diferencia entre la tarea de *crear* un órgano de poder estatal y la tarea de *definirlo* correctamente.

La práctica de las posiciones era todavía menos clara que las posiciones teóricas. El MIR, por ejem-

189

plo, estuvo más cerca del difuso (y mayoritario) bando populista de la Asamblea, al elegir a Lechín como presidente de ella, por considerar —ilusoriamente— que asegurara mejor su independencia respecto del poder militar. El POR(M) y el PCB se unieron a su turno a Lechín, que era como la encarnación del sindicalismo espontaneísta, para postular la cogestión en COMIBOL, es decir, la ocupación de la economía "desde arriba" en lugar de la ocupación "desde abajo" en la que participaron, de diferente manera, el ELN,[15] el PCML[16] y las propias direcciones universitarias, mal controladas por el MIR.

LA COGESTIÓN DE COMIBOL

El punto en el que se aplican las líneas ideológicas a las posiciones concretas de un modo más transparente en la cogestión obrera en COMIBOL. Era el caso más notorio de una ocupación "desde arriba", es decir, en pacto con el gobierno de Torres, en oposición a las ocupaciones "desde abajo", es decir, por la mera acción directa, sin consultar y aun desafiando al gobierno militar. El proyecto de cogestión presentado por la Federación de Mineros postulaba el ingreso de la clase obrera a la administración de COMIBOL, con mayoría de votos en los mecanismos de decisión y con la obligación de ren-

[15] Ejército de Liberación Nacional, organización clandestina fundada por Che Guevara en 1967 jefaturizada por Osvaldo Peredo, que fue la que actuó en las experiencias guerrilleras en Bolivia.
[16] Partido Comunista Marxista-Leninista. En la división que sufrió el Partido Comunista, el ala maoísta. Jefaturizado por Óscar Zamora.

dir cuenta ante las asambleas sindicales de base. Sin duda, la clase obrera iba a tener en sus manos la más importante empresa del país. El plan, adoptado por Torres, comprendía, sin embargo, otras alternativas, algunos desafíos bastante azarosos para la izquierda. Si la cogestión se detenía en COMIBOL misma, había el peligro de que sirviera para la creación de una gran burocracia sindical, a la manera de la que engendró el Control Obrero en tiempo del MNR. Pero se tenía a la vista que las propias nacionalizaciones no significan mucho más que el poder dentro del que se realizan, que el sistema al que sirven. Con el MNR, hubo Control Obrero y abundancia de ministerios obreros pero eso no sólo no dio lugar al poder obrero sino que lo imposibilitó. En este caso, los obreros habrían tomado a su cargo la fase más difícil del circuito de la producción minera y habrían otorgado, pero al precio de su desgaste, un tiempo de paz social al régimen, que era lo que Torres buscaba. Paz social, siempre que Torres mismo fuera capaz de garantizarla. Pero la paz social también significaba la desmovilización de los obreros y su agotamiento en interminables discusiones en torno a las administraciones locales. Para decirlo en plata, era una locura pensar que la zona nacionalizada de la economía marcharía como un mundo feliz en medio de una economía nacionalmente deformada. La cogestión estaba destinada a repetir la experiencia de la nacionalización misma: allá donde no se "nacionaliza" al país, no se nacionaliza verdaderamente ninguna de sus partes. La cogestión, a su turno, no significaba nada si no era la antesala de la cogestión en el poder total y esta cogestión de poder, a su vez, se volvía una complicidad pura y sin vueltas si no se transformaba en

191

una escala inmediata a la toma de todo el poder. Los dirigentes obreros, racionalizando un impulso que venía desde el fondo de los campamentos mineros, habían tocado un punto neurálgico, aquella suerte de retos esenciales que no son pertinentes cuando no se tiene la fuerza de llevarlos hasta el fin. La cogestión respondía de una manera auténtica a un impulso espontáneo venido desde el corazón de las masas pero no era el papel de las masas como tales el evaluar hasta qué punto cuestionaba el poder mismo de la política del país. Éste era su destino real. Los dirigentes que la plantearon sin duda no la pensaron así; si se hubiera cumplido dentro del linde que le señalaban, que era imposible de principio a fin, puesto que el sistema del país como conjunto no habría salido de los moldes liberales impuestos por el FMI en 1956 ni de su dependencia secular,[17] entonces la cogestión habría languidecido, sepultando a la masa proletaria en un sentimiento colectivo de fracaso. '

LA FUERZA REACCIONARIA DEL 52

Éste era el lado negativo de la cogestión, si no se cuestionaba al mismo tiempo el problema del poder como totalidad y el armamento de las masas. Veamos ahora la alternativa de éxito de la cogestión. Puesto que los obreros iban a administrar las divisas que produjeron siempre, habría sido lógico que a conti-

[17] Los acuerdos financieros que se conocen como Plan de Estabilización Monetaria, firmados por el gobierno de Siles Zuazo con el Fondo Monetario Internacional en 1956.

nuación preguntaran al gobierno en qué las gastaba. Pero las divisas, dentro del esquema de Eder,[18] son invertidas en beneficio de los consumos suntuarios de las clases privilegiadas, financiando un comercio hipertrofiado. Es muy sabido que en Bolivia, donde el consumo diario es de 1 800 calorías *per capita,* se come galletas inglesas y chocolates suizos. La lógica advierte que, si la clase obrera hubiera entonces exigido participar en la distribución de las divisas que producía y administraba, habría tenido que avanzar sobre los mecanismos del gobierno destinados a ello. La consecuencia habría sido el reordenamiento del gasto y un avance inminente hacia la nacionalización del comercio exterior. Todo bien, hasta aquí. Pero ¿hasta qué punto las clases privilegiadas estaban dispuestas a aceptar pacíficamente una restricción tan drástica en sus consumos? Mucho antes de que se pensara siquiera en aplicar el proyecto de la cogestión, los compradores de galletas inglesas ya estaban disparando desde las ventanas, como francotiradores.

Los privilegiados no renuncian apaciblemente a sus beneficios ni las clases son despojadas sin luchar. Lo único que podía justificar el vivir en un país como Bolivia, para ellos, era comer galletas inglesas y chocolates suizos, es decir, el vivir en un mundo suntuario.

La reacción de la burguesía, bajo el apaño de los agentes de la CIA que abundaban donde se quisiera, se movía también dentro de otros signos. La mejor consistencia de *este* movimiento obrero en relación

[18] George Jackson Eder, negociador norteamericano de los acuerdos mencionados en el punto anterior, autor de las tesis más humillantes para la soberanía de Bolivia y su independencia económica.

con el del 52, la sólida celeridad de su reactualización, acabaron por obnubilar a la propia izquierda. La fuerza de una clase, empero, no garantiza la debilidad de su enemigo. Por el contrario. Esta burguesía no tenía nada que hacer con aquella que presenció los hechos del 52 con ojos atónitos, con aquella clase que estaba vencida antes de la batalla misma, que ya no se componía en verdad sino de un ejército sin convicciones y una docena de gerentes. Ésta era la burguesía hija de un Estado mucho más amplio; su ejército mismo era más sustancial porque el nuevo Estado era más sustancial. Nunca más se podrá vencer en Bolivia con el solo apoyo de un gesto espontáneo de masas. La modernización del 52 mostró aquí su brazo reaccionario.

La izquierda no esperaba que el mundo suntuario tuviera la capacidad para la ferocidad que demostró después. Esto mismo ya era un error considerable. Luchar confiando en la debilidad del contrario es prepararse para perder.

POSICIONES DEL PCB Y EL POR

Las posiciones esbozadas dentro de la Asamblea tenían sin embargo su propio sentido, cada una dentro de su contexto. Los trotskistas, por ejemplo, respondían al fuerte acento sindicalista de su tradición. Era su proximidad a los obreros, y no su distancia, la que les hizo convertirse en los portavoces de algo que decía que la nacionalización como tal no era suficiente para la clase. Ellos consideraban que, aunque se estaba produciendo un ascenso de masas en términos generales, sin embargo se estaba —hacia julio de 1971— ante un momentáneo reflujo

194

del sector obrero.[19] Pensaban, a la vez, que la cogestión iba a servir para activar a la clase obrera y que la práctica del poder dual debía ser las masas en movimiento; que la acción de las masas y su movilización crearían las condiciones del poder e incluso los fundamentos del aparato armado.

Otro tanto ocurría con las posiciones del PCB. Si fuera verdad el conjunto de endilgamientos que se le hacen de aplicar a la lucha local entre las clases el *modus vivendi* de la coexistencia, entonces lo más cómodo habría sido para sus dirigentes apoyar a Torres y no menear para nada las consignas de la Asamblea ni la cogestión. Si de algo debe acusárseles, en verdad, es de no defender con la fuerza debida los propios hechos revolucionarios en los que ellos participaron y no como actores secundarios.

Es evidente que, por lo menos en su planteamiento, la ayuda técnica y económica de la Unión Soviética se dirigía al desarrollo de ciertos polos excepcionalmente dinámicos de la economía boliviana, a la construcción de industrias pesadas extractivas y de transformación para las que el país esta bien dotado. Era como poner de cabeza todo el modelo de desarrollo económico que había sido impuesto a Bolivia por su condición de país capitalista dependiente. El PCB pensaba aparentemente que Torres daba el tiempo ideal para la constitución de un frente revolucionario (al que incluso llegó a llamar Unidad Popular, como en Chile) y para que los planes soviéticos dieran resultados, preparando el asiento económico para el poder socialista que debía suceder a Torres. El

---

[19] Así lo sostuvo el dirigente de la Federación de Mineros, Filemón Escobar, en un artículo aparecido en *Masas*, en el que comentaba las elecciones sindicales en Siglo XX.

propio sustantivo *escuela* sugiere que la Asamblea Popular era el lugar en que las masas debían aprender, a través de participaciones experimentales como la cogestión, a conducirse a sí mismas. Por consiguiente, luego de que se concebía a la Asamblea Popular como una escuela y que se creía en la transformación pacífica del gobierno semibonapartista en un régimen socialista, la fase que interesaba de la cogestión era la de la paz obrera, que debía ser además exitosa bajo el soporte de la eficiencia económica de los soviéticos.

Tal cosa, desde luego, adolecía de los defectos anotados. Una verdadera paz social para Torres implicaba sin duda una pacificación interna de la clase obrera y, por consiguiente, la imposibilidad de ir más allá de la cogestión; lo cual (ir más allá), por paradoja, era lo único que justificaba realmente a la cogestión. Pero el asunto no concluye ahí y hay hechos consiguientes que deben ser dichos por su nombre. ¿Es verdad o no que en un *status* de clases como el de Bolivia, en el que se combinan una agresiva clase obrera y un poder estatal que, aun con la fuerza que le inyectó el 52, sigue siendo uno de los más frágiles del continente, el tema del poder final se plantea como ultimidad en casi cualquier situaciones de crisis? En estas condiciones ¿se podrá pensar en un esquema que cuente con la neutralidad del imperialismo? ¿Acaso no es verdad que un régimen popular en Bolivia debe contar con el mundo socialista, en una escala sin duda mayor que lo que ocurriría con un régimen equivalente en cualquiera de los otros países del área? Si, como por otra parte lo demostraron los hechos hasta el hartazgo, el éxito de la Asamblea significaba también una lucha que no iba a tardar en ser objeto de participación por parte de la reacción

196

continental, ¿no es verdad que debía acudirse a la única fuente de respaldo que debía ser el mundo socialista? No era pues un mero prosovietismo el que impelía al PCB a insistir en estas inclinaciones, y era una actitud correcta el pensar que no había que concebir como conspiradores aquello que ya invitaban las cosas a considerar como hombres de Estado.

La infortunada metáfora de la escuela, que implicaba cierta resistencia a hablar con prisa del poder dual, no dejaba de obtener sus propios fundamentos. La Asamblea debía ser el lugar de la democracia obrera, el escenario de la derrota del populismo y de la adquisición del cuerpo cuantitativo por parte de los partidos obreros. Para los sectores atrasados, que fueron los que impusieron a Lechín en la cabecera de la Asamblea, era en efecto el lugar en el que debían aprender a no ser lo que eran, como costumbre de su propio pasado. Era el momento y el sitio donde el proletariado debía aprender la ideología proletaria, en su práctica misma, la adquisición de su partido.

SOBRECONCIENCIA DE PÉRDIDA
SUBCONCIENCIA DE ADQUISICIÓN

La Asamblea era, pues, en verdad, una escuela del socialismo; pero la historia la convocaba ya para funcionar como un poder. Por el otro costado, no basta con decir "el poder dual existe" para que exista realmente. En este orden de cosas, el peligro no está en las posiciones sino en su exacerbación y lo que define la exactitud política no es el concepto general de la posición, que suele tener su sensatez, sino el matiz con que se inserta en los hechos. ¿Qué pasaba con la ocupación "desde arriba"?: que era al mismo tiempo una ofensiva y un enjuague, a la vez un regalo a Torres y un despojo a Torres o, para decirlo de una sola vez, una hibridez. Pero también era híbrida la posición del eje que podríamos llamar vanguardista [20] (MIR, ELN, PCML) porque aquí, al mismo tiempo que se protestaba por la insuficiencia de los aprestos defensivos de la Asamblea, se practicaba (o no se lograba impedir la práctica de) la ocupación "desde abajo". Es decir, los unos decían que había que conservar a Torres y no hacían nada para conservarlo: los otros reclamaban la concreta conservación de Torres y se aprestaban a ella pero aumentando los riesgos que lo acorralaban. Pero resulta llamativo por lo menos el que, mientras trotskistas y comunistas aparecieran apoyando tan resueltamente un plan inmediatista como era el de la cogestión,[21] las organizaciones a las que se tendía a calificar de extremistas fueran las que recomendaban cautela en los pasos, un compás de espera para adoptarlos después de la constitución del aparato armado de la Asamblea. En los hechos, se habló en la Asamblea de la cogestión o de la representación campesina o de la Universidad Boliviana pero no de la cuestión del poder.[22] De esta manera, así como

<hr>

[20] Este calificativo es legítimo sólo en cuanto estos sectores insistían en la necesidad de la existencia de una vanguardia armada. Pero, por lo menos en lo que se refiere al MIR, jamás se sostuvo que la vanguardia armada debería sustituir al movimiento de masas.

[21] Tan inmediatista, en la práctica, en cuanto a su "rebote" político, como las tomas "desde abajo", como se verá después.

[22] El tema de la cogestión está expuesto en el artículo mismo. Sobre la representación campesina, se discutía si debían ser admitidos los campesinos oficialistas o los

el vanguardismo puro tuvo su hora triste en Ñacahuazu, el desprecio genérico por la lucha armada
tuvo su día negro en el 21 de agosto. Lenin escribió que "Marx fustigaba precisamente
con sarcasmos implacables a los *osvobozhdentsi* libe-
rales de Francfort porque pronunciaban buenas palabras, tomaban toda clase de 'decisiones' democráticas,
'instituían' toda clase de libertades y, en la práctica,
dejaban el poder en manos del rey, no organizaban
la lucha armada contra las fuerzas militares de que
disponía este último".[23] Así también la Asamblea boliviana discutía sobre si debía tener sus propios em-
bajadores o sobre los grados de su ejército pero no se
aprestaba a defender su mínima existencia. Los sectores dominantes en ella parecían dar por sentado que
la supervivencia del poder, con todos los matices
que tenía, era un problema que estaba a cargo de
Torres. Torres, a su turno, pensaba que el asunto

independientes. Todo el eje protorrista se pronunció
por la primera posición pero la Asamblea aceptó a
los independientes. En cuanto a la Universidad Boliviana, se trataba de un proyecto de unificación de las
siete universidades que hay en Bolivia y también del
derecho de la clase obrera de supervisar la conducción
de la enseñanza y la administración en ellas. Algunos
plantearon el problema como un acto de predominio
concreto de los obreros sobre los universitarios, pues estaba de moda el obrerismo puro, pero la discusión se
desvaneció cuando los universitarios reconocieron el derecho de los obreros a dirigir las universidades.

El "sindicalismo" amenazó varias veces en la Asamblea
con derivarse hacia un antipartidismo militante. Había
dirigentes obreros que se pusieron a hablar con desdén
concreto acerca de los partidos y de los "políticos". Éste
fue otro de los frutos del lateralismo permanente de
la Asamblea.

[23] Lenin. *Dos tácticas (de la socialdemocracia en la
revolución democrática).*

estaba en manos de los obreros. Se habló mucho de la cogestión o incluso de milicias populares pero con eso, con la parafernalia de las palabras, no se hacía sino dar verosimilitud a la propaganda de la derecha, que hablaba ya de la inminente comunización de Bolivia, de que al domingo siguiente a la Asamblea estarían ocupadas las casas de los barrios bajos, que son la parte rica de la ciudad. En cualquier forma, si se aprobó la cogestión, después de eso no pasó nada más. La Asamblea no tenía fuerza para imponerla, nadie parecía urgido por aplicar el proyecto ni hubo tiempo para hacerlo. El sector empresarial se sintió, en cambio, amenazado urgentemente y llamó a su gente a "luchar por todos los medios",[24] *como si el proyecto ya se hubiera aplicado,* lanzándose a la violencia misma. La clase que pierde es siempre mucho más intensamente consciente que la clase que adquiere; aquí se trataba, además, de una amenaza inconcreta, que asumía el rostro de una peligrosidad lúgubre, en tanto que para el otro bando sólo se trataba de una vaga adquisición.

SINDICATOS OBREROS Y PARTIDOS OBREROS

Si las cosas son vistas desde este lado, se podría decir que la posición del MIR era correcta en lo fundamental: era cierto que no debían emprenderse tareas que no se estaba en condiciones de soste-

[24] Los empresarios privados sacaron un osado manifiesto llamando a la subversión, convocando a la lucha "por todos los medios". El resultado fue que la empresa privada financió la existencia del Ejército Cristiano Nacionalista, el grupo terrorista de derecha que realizó los atentados de preparación del golpe y los asesinatos del día 21.

ner en la práctica. Pero la mera exactitud impotente no es sino un consuelo para intelectuales. Es algo típicamente pequeñoburgués: no importa lo que ocurre sino la claridad con que se lo ve. Una línea correcta, además de serlo, debe ser audible y capaz de penetrar en la realidad. ¡Qué importa que un susurro sea exacto! Pero lo correcto en rigor es la correcta idea más la fuerza real para ejecutarla. Ni el MIR ni el ELN tenían representaciones obreras importantes y sus portavoces o eran de sectores extraproletarios o estaban en la representación partidaria (no en la sindical), hablando con la timidez de una representación no obrera en una Asamblea esencialmente obrerista.

La Asamblea era obrerista; pero eso no era sino literatura pura puesto que no era eficaz. Ahora bien, el sobredesarrollo de las corrientes sindicalistas en la política boliviana es algo que resulta de la historia del movimiento popular; no es una mera forma, es como si estuviera dentro de él. Es verdad (ésta es una apreciación veraz de Guillermo Lora) que los obreros bolivianos casi nunca concibieron al sindicato como un mero sindicato. En los grandes momentos, sobre todo, las organizaciones obreras funcionaban como una suerte de soviets, asumiendo tareas que corresponden al Estado. Incluso cuando existe el doble poder, en 1952, no se habla en él del poder obrero (es decir de la ideología proletaria encarnada en el partido obrero) a un costado y del poder burgués al otro. Son, en cambio, la COB,[25] es decir, la organización sindical

[25] Central Obrera Boliviana, creada en 1952, máximo organismo de los trabajadores. La acumulación de sectores no rigurosamente obreros en ella condujo sin embargo a que la Federación de Mineros tuviera siempre

y el partido democrático-burgués, como si los sindicatos hubieran ocupado el papel del partido bolchevique.[26]

En el ascenso de las masas, tal como sucedió en Bolivia, los sindicatos son determinantes pero en cambio los partidos no lo son en los sindicatos. La FSTMB, por ejemplo, siempre fue más importante y poderosa que los propios partidos a que pertenecían sus integrantes. El sindicalismo sobrevive a todas las persecuciones pero, en contraste, ningún partido logra remplazar al MNR en el control de los sindicatos, control que, además, el MNR perdió muy temprano. Hay pues una hipertrofia en el papel de los sindicatos que caracteriza a todo el proceso histórico boliviano.

Es un fenómeno que también se manifestó en la Asamblea Popular, incluso en sus requisitos estatutarios.[27] Era correcto, para mencionar un caso, es-

más importancia que la COB. Pero Lechín era el máximo dirigente de la Federación de Mineros, de la COB y de la Asamblea Popular, de suerte que volvió a acumular un poder inmenso, como después de 1952.

[26] La aplicación de la tesis del poder dual en Bolivia y la inversión de sus términos en materia de poder político es un tema que desarrollamos independientemente.

[27] Los estatutos de la Asamblea Popular fueron redactados minuciosamente y su principal objetivo era asegurar que en todas las reuniones y comisiones la aprobación de los asuntos contara por lo menos con un 60 por ciento de votos obreros. La Asamblea misma tenía, por estatuto, una vasta mayoría proletaria.

En principio, este hecho respondía a legítimas preocupaciones. Se sabe, por ejemplo, que en la lucha contra el burocratismo en Rusia, Lenin explicó que debía buscarse el origen del problema en que muchos de los dirigentes eran de origen no obrero o eran obreros que hacía tiempo que no vivían en medio de la clase obre-

tablecer un predominio proletario, es decir, una superioridad cualitativa sobre la cantidad del proceso, que eran los campesinos, clase burocrática, dependiente y osificada en la conquista democrático-burgueza de la tierra. Esto significaba que no se elegía un proceso democrático-formal sino que se pensaba en efecto en la construcción de la dictadura del proletariado como definición del doble poder. Pero si esto era un soviet, era un soviet sin el partido de la clase obrera y así, en lugar de que triunfara la ideología proletaria en manos del partido revolucionario, triunfó la línea sindicalista, que sólo a medias respondía a los partidos. Los dirigentes sindicales, *v. gr.*, pertenecían a partidos que votaron contra Lechín; pero ellos mismos votaron por Lechín, porque era miembro de su federación y ésta lo había resuelto así.

REIVINDICACIONISMO AMPLIADO DE CLASE

La confusión entre lo que es la ideología proletaria, la posición obrera y la condición obrera se mostró típicamente. Se daba más importancia a la extracción de clase y aun al origen de clase (condición obrera) que a la ideología del proletariado y, en todo caso, la posición obrera (es decir, la posición de *esa* clase obrera en *esa* coyuntura) dio un cariz sindicalista a la Asamblea. Por esta vía, se puede decir que la Asamblea Popular fue la fase más alta del proceso populista de las masas bolivianas

ra. Naturalmente, provenir de la clase obrera tampoco justifica por sí mismo la justeza de su posición, y que Lenin estaba advertido acerca de ella lo demuestra la rotundidad de la nota 30 de este capítulo.

en lugar de ser el primer órgano de poder de la revolución socialista.

El desdén hacia los partidos políticos, hacia el campesinado y más que nada hacia los universitarios no fueron sino aplicaciones de esta línea, que era el polo opuesto del vanguardismo o jacobinismo[28] que acosaba a la práctica de algunas otras organizaciones. No es que no se diera cuenta de este obstáculo opuesto pero, en los hechos, tanto el MIR como el ELN pagaron en la Asamblea el tributo a una nula influencia obrera, es decir, a su pobre presencia en el *proletario tal como era*. Sus voces se escuchaban remotamente por en medio de las acusaciones de ser partidos universitarios o partidos campesinos, según los casos, y así puede decirse que su papel no fue relevante en el manejo de la Asamblea. Lo fue en cambio, de un modo más considerable, en el momento del combate. Estaban mal preparados para el debate con la clase obrera, en la manera en que ella existía en la coyuntura política,

---

[28] En el sentido que da Lucio Magri en el estudio "Problemas de la teoría marxista del partido revolucionario" (*Teoría marxista del partido político*, Cuadernos de Pasado y Presente, Buenos Aires, 1969): "La contraposición entre la conciencia socialista, portada y codificada por el partido y la realidad inmediata de la lucha de la clase obrera; esos límites repercuten sobre la concepción general del partido, se traducen en el peligro permanente e insuperable del jacobinismo. El partido corre el riesgo de convertirse en una conciencia revolucionaria abstractamente superpuesta a la clase, en el sujeto de un mandato nunca impugnable; de modo inverso, la clase puede convertirse en el instrumento de un proyecto que corresponde a algunos de sus fines últimos, a sus intereses fundamentales, pero en cuya elaboración no participa y en cuya realización colabora con una conciencia parcial".

es decir, todavía expresando sus modalidades atrasadas, pero mostraron, en su momento, haber ido más lejos en lo que se refiere a la organización militar, lo que, después de todo, era el problema fundamental con relación al hecho del poder. Ello era explicable: para un pequeñoburgués es más fácil entender una cuestión militar, desde un punto de vista técnico, que estar en el mundo obrero, lo que implica toda una mutación global de su imagen de las cosas. Éste es el hecho: que no se estaba en medio de los obreros. Era consecuencia, siquiera en parte, de la falta de tiempo (el MIR tenía dos meses de existencia cuando se inaugura la Asamblea) pero quizá también de ciertas traiciones de un inconsciente vanguardista. En aquel momento se estilaba decir que el nacionalismo revolucionario (el populismo local) había concluido su ciclo y ello es verdad en el sentido de que es la historia del país la que demuestra que no son posibles para él las fórmulas intermedias, llámense MNR, Ovando o Torres, que no son viables históricamente, que sólo existen para fracasar. Pero (en especial por lo que toca al MNR, que hace un fenómeno más denso y permanente), son las masas las que han existido con esa modalidad y quizá aquí se cayó en la tentación de "creer que lo caduco *para nosotros* ha caducado *para la clase,* para la masa".[29] Eso es lo que explica, entre otras cosas, la elección de Lechín como presidente de la Asamblea y la mayoría de votos movimientistas entre los delegados. De nada servía por eso acusar a los sindicalistas de sus errores cuando al mismo tiempo se demostraba que se era in-

[29] Lenin, *La enfermedad infantil del "izquierdismo" en el comunismo.*

capaz de estar dentro de la clase obrera. Pero los sindicalistas, a su turno, olvidaban otro consejo de Lenin: que "todo lo que sea inclinarse ante la espontaneidad del movimiento obrero equivale —en absoluto independientemente de la voluntad de quien lo hace— a fortalecer la influencia de la ideología burguesa sobre los obreros". Y, también, para los que acusaban a los delegados universitarios por ser universitarios, que "la historia de todos los países atestigua que la clase obrera, exclusivamente con sus propias fuerzas, sólo está en condiciones de elaborar una conciencia 'tradeunionista'".[30] Es con este fundamento como puede afirmarse que la Asamblea, a través de su obsesiva concentración en temas como la cogestión en COMIBOL, en cuanto expresaba los intereses políticos inmediatos de la clase obrera, los propósitos de su posición coyuntural, pero no sus intereses a largo plazo, estaba practicando una suerte de "reivindicacionismo ampliado de clase".

ARMAS Y LÍMITES CON TORRES

Los trotskistas daban una gran importancia a la movilización de las masas y el PCB a la movilización sistemática de las masas, aunque sin mayor calado unos y otros en las masas "verdaderas". En hacer hincapié en ese aspecto tenían razón, sin embargo, porque Ñacahuazu y Teoponte son una enseñanza permanente de lo que es la lucha armada al margen de la movilización de las masas. "Con la vanguardia sola —ya se sabe— es imposible triunfar."[31]

[30] Lenin, *Qué hacer*. También dice: "El desarrollo espontáneo del movimiento lleva a subordinarlo a la ideología burguesa. Por eso nuestro deber es combatir la espontaneidad".

Pero el 21 de agosto, precisamente, advierte acerca de lo que es una movilización de masas que no se han ocupado de armarse.

Por aquellos días, se decía de algunos partidos que habían hecho importantes adquisiciones de armamento y puede ser que fuera cierto. Pero no es suficiente siquiera disponer materialmente de las armas, ni aun en la insurrección permanente de Bolivia. Se necesita, además, estar subjetivamente preparado para utilizarlas y en esto ocurrió algo realmente clásico: por refutar a la concepción foquista de la lucha armada, estas organizaciones predispusieron a su militancia contra la lucha armada en general. Cuando llegó la hora de utilizar las armas que habían sido adquiridas, su militancia no estaba preparada para hacerlo, carecía del aparato imprescindible. El resultado fue que no pudo asistir a la batalla sino a través del sacrificio de sus dirigentes y militantes más resueltos, confundidos con el ritmo masivo y espontáneo de la lucha.

En su composición práctica, la acción estaba perdida; pero también en su contexto político propiamente. Naturalmente, habría sido un error dar a Torres un apoyo en general ni aun *en pendant* con la existencia de la Asamblea, como parecía proponer el PCB, por ejemplo. Pero era, en cambio, grandemente necesario encontrar un acuerdo de límites con Torres. Ahora está muy claro que la izquierda debía exigir que se la armara, como contraparte de su apoyo. ¿A qué andar con remilgos, en efecto, en materia de apoyo o de no apoyo, al servicio de purezas inquebrantables, si se iba a poner el 21 la vida misma de la gente para luchar contra los

---

[81] Lenin, *La enfermedad infantil del "izquierdismo" en el comunismo*.

que derrocaban a Torres? Por eso, aunque estaba equivocado el PCB al postular un apoyo en esas condiciones, no lo estaba empero en el sentido de que tampoco era suficiente decir que Torres, puesto que era limitado, no servía en absoluto. Si, aun apoyando críticamente a Torres como lo hizo, el PCB se hubiera preparado con eficacia para lo que vino el 21, que era un combate y no un plebiscito, sus posibilidades se habrían acrecentado enormemente; pero fue excesivo en el respaldo a Torres, inerte ante el ritmo populista de la Asamblea y débil y desorganizado en la batalla misma.

PROVOCACIONES Y PERSUASIONISMO

Aquí llegamos a un punto que es quizá el preferido en las vociferaciones contra la izquierda boliviana. Es la línea que dice: "un gobierno democrático cayó porque la izquierda se entregó a una línea provocadora; la izquierda infantil derribó a Torres". Con esto se hace referencia a las tomas de tierras y minas, al manifiesto de las clases y suboficiales, a los secuestros del ELN pero también a la proclamación inmediata del poder dual por el POR, etc.

En algunos casos, como en ciertas minas de la provincia de Inquisivi, las tomas fueron alentadas desde el gobierno. Es evidente, por lo demás, que creer que un ascenso de masas puede producirse sin ciertas manifestaciones desordenadas como éstas es una insostenible ilusión. No se puede negar, sin embargo, que en algunos casos determinadas acciones adquirieron características de provocaciones auténticas. El manifiesto de los clases y suboficiales agrupados en la Vanguardia Militar del Pueblo, publicado unos días antes del golpe, por ejemplo, es mencionado como el más concreto caso de enardecimiento del sentimiento golpista entre los oficiales. Pero también podría aducirse que, puesto que a esas alturas la factura del golpe estaba avanzadísima, este manifiesto intentaba hacer perder la unanimidad castrense entre los golpistas. Lo grave está en que nunca ninguna organización de izquierda supo cuál fue el origen y la redacción de este documento, hasta hoy mismo. Algunos dirigentes participaron en su corrección y lo lanzaron irresponsablemente a la publicidad pero con eso no hicieron otra cosa que dar vía libre a lo que de todas maneras iba a ocurrir. Cuando una intriga como ésta puede tener éxito no es por la intriga misma sino por la endeblez del movimiento popular. También se intentó frenar la revolución de octubre con el escándalo de los dineros prusianos pero ningún soldado se conmovió con eso.

El ELN a su turno realizó el secuestro de Von Berger e hizo algunas expropiaciones menores de dinero. Esto, sin duda, resolvió a la poderosa colonia alemana a participar en la conspiración de un modo tan activo como no lo había hecho jamás en el pasado. Pero la prueba de que un secuestro no puede interrumpir el curso de las cosas, cuando la movilización es de una envergadura masiva, es lo que ocurrió en la Argentina, en las vísperas de la toma del poder por el peronismo. Lo defectuoso de la acción del ELN no está pues en su efecto con relación al golpe, que hubiera ocurrido con secuestro o sin él, sino como manifestación de una modalidad política. Aquí las necesidades internas de la organización (el financiamiento) eran más importantes que el análisis político del contexto nacional.

209

Nunca se dio una razón política para explicar el secuestro. Ello muestra en qué grado este tipo de organizaciones tienden a vivir cada vez más intensamente en torno a sus motivaciones internas. Se debe actuar porque es internamente necesario hacerlo; el mundo externo no existe sino como el lugar en el que se vacía ese impulso o necesidad interior.

Torres, por su lado, creía que con buenas palabras y con visitas a los cuarteles iba a apaciguar a la derecha militar. Jamás encaró una verdadera reorganización del ejército y, para saberlo, basta con anotar que Reque Terán [32] era el comandante del ejército en tanto que Sánchez [33] nunca fue otra cosa que comandante de la fracción de un regimiento. Si las cosas hubieran tenido éxito siguiendo este curso, Torres habría demostrado que, en efecto, conocía más del ejército que quienquiera en Bolivia,

[32] Luis Reque Terán, comandante de la División de Camiri durante la campaña antiguerrillera de 1967, un barrientista connotado en su momento, en cuya conversión Torres creyó sin otro fundamento que el de su propia fe. Su retransfugio fue fundamental para el éxito del golpe en La Paz.

[33] Mayor Rubén Sánchez. Su historia es conocida: preso de la guerrilla en Ñacahuazu, observa una buena conducta personal y militar a causa de la cual los guerrilleros le devuelven el revólver. Ya es un factor durante el gobierno de Ovando, respaldando al ala progresista de ese régimen; cuando Torres sube al poder es Sánchez quien toma el Palacio Quemado al mando del regimiento Colorados. A través de su contacto con la izquierda, Sánchez crea la mentalidad que lo llevará a ser el único oficial con mando que se pronunciará contra el golpe. Dirigirá las operaciones del Colorados que se sumarán a los de los combatientes civiles el 21 de agosto y se convertirá, por esa vía, en una figura nueva en la política del país.

210

como se repetía tantísimo entonces. Pero, a pesar de las enormes concesiones hechas a los gorilas, los gorilas no se tranquilizaron. Se demostró lo que ya se sabía: que el poder no nace de una amistad condescendiente sino de la fuerza de los hechos. Mientras temieron a los obreros, no golpearon a Torres; cuando se les demostró que los obreros eran un bulto pero difícilmente un aparato armado, derribaron a Torres. En medio de eso, no importaba lo que éste decía.

Es cierto, de otro lado, que UCAPO[34] ocupó algunas haciendas y que las federaciones universitarias miristas tomaron solares urbanos y los distribuyeron entre las gentes pobres. Pero lo mismo hizo cien veces en todo el país el MNR, en la hora en que todavía era el partido plebeísta, y Sandoval Morón [35] en Santa Cruz. No por eso cayó el MNR, pero ahora se dice que por las tomas cayó Torres. El MNR no pidió disculpas y se limitó a dar cuenta, con lo

[34] Unión de Campesinos Pobres, con participación de varios grupos de la izquierda y predominio del PCML, que actuó sobre todo en el área norte de Santa Cruz de la Sierra. Su operación más conocida es el reparto de la hacienda Chané-Bedoya entre los campesinos.

[35] Líder del MNR de Santa Cruz. Su popularidad se derivaba no sólo de la notoria combatividad de ese partido durante el llamado sexenio (1946-1952). Bajo su dirección se encaró la solución del problema de la vivienda popular en esa ciudad, mediante la distribución de tierras urbanas que eran ocupadas por acción directa. Fue destruido así el sistema de "tambos", que era una forma de explotación basada en el monopolio de la propiedad de los inmuebles urbanos. El *contorno* político dentro del que se hicieron las ocupaciones sandovalistas era por cierto diferente del que dio Torres pero las ocupaciones mismas eran iguales unas y otras. Su efecto diferente demuestra que dicho *contorno* era lo importante y no las ocupaciones en sí.

obrado, a legalizar lo tomado; esta vez, en cambio, el gobierno y la propia Federación de Mineros garantizaron en todos los tonos a los empresarios privados que las tomas no proseguirían. No por eso se hicieron torristas los empresarios y, en cambio, se convirtieron en el corazón local de la conspiración. No era con palabras con lo que se les iba a convencer.

Todo ello —los manifiestos estridentes, los secuestros, las tomas— ocurrieron en verdad; pero creer que allá radicó el origen de la derrota es un consuelo barato. Decir que la izquierda infantil derrocó a Torres tiene, sencillamente, un propósito reaccionario. Es la apología de los gobiernos reformistas, una convocatoria a la quietud de las masas, un argumento que, en el análisis de cada situación, se vuelve contra los que lo invocan. La izquierda infantil es poderosa allá donde no lo es la izquierda verdadera; es la baja combatividad de la izquierda proletaria la que fortifica el atractivo de la combatividad de la izquierda pequeñoburguesa. Por "apoyar a Torres", según esta gente, no debía haberse creado la Asamblea Popular, que fue un acto de las masas por sí y ante sí; pero la Asamblea fue más importante que diez gobiernos de Torres. A partir de su existencia, los obreros de Bolivia saben cuál será la forma probable de su futuro poder. Creer, por otra parte, que el aplauso y el agradecimiento hacia el torrismo podían remplazar como factor de éxito al partido proletario y a la lucha armada de las masas revela sin duda que los que lo dicen se proponen la existencia de gobiernos pequeñoburgueses defensivos y no una revolución proletaria.

El problema debe plantearse más a fondo. ¿Por qué oponerse, en efecto, a las tomas si, en realidad, no eran sino la ejecución, *de otro modo,* del mismo plan político que implicaba la cogestión? ¿Acaso la cogestión no decía que de COMIBOL iba a pasarse a las otras empresas estatales y así sucesivamente hasta copar la economía en su conjunto? O sea, que las ocupaciones resultaban buenas cuando las aprobaba Torres, "desde arriba", pero malas cuando no lo hacía, cuando ocurrían "desde abajo". Pero, en el contexto boliviano, que era ya el de una lucha franca entre las clases y no un esquema de transformación legal,[36] el efecto político (que era lo que debía interesar) de las tomas, fueran desde arriba o desde abajo, era exactamente el mismo. La derecha entendía exactamente unos y otros. Reaccionaba contra el avance obrero y no contra la forma del avance obrero. Las tomas por sectores, por la cogestión o por UCAPO, implicaban una concepción de avance gradual, por acción de las masas, sobre el poder, *bajo la supervivencia del ejército.* Esto, lo de la supervivencia del ejército dentro de un tipo intocado, es lo que volvía infantil, no a lo que hiciera este sector o el otro de la izquierda, sino a todo lo que sucedía debajo de Torres y por medio de Torres mismo. El ejército, en efecto, es el núcleo del poder del Estado burgués y, por eso, la

[36] A diferencia de Chile, por ejemplo. El valor de estos hechos depende del carácter del proceso y por eso es tan poco fundado enjuiciar con los criterios a usarse en Chile, proceso legal, lo que se hizo en la Bolivia de Torres, donde la lucha de clases se fundaba en su mera eficiencia de facto.

ocupación de las tierras rurales y urbanas era posible en tiempo del MNR, cuando el ejército no existía o era todavía muy débil, y no en el tiempo de Torres, cuando el poder definitivo de las decisiones se mantenía en manos de un ejército viviente y poderoso, con sus dogmas y prejuicios intactos, abrumado por un sometimiento de acoso.[37]

Es pues toda la línea de la transformación gradual del poder la que fracasó el 21 de agosto,[38] y no sólo una de sus partes. Resulta grotesco después escuchar las monsergas de los que suponen que Torres cayó porque permitió un exceso de movilización de las masas. El golpe del 21 de agosto fue la resurrección del mirandismo,[39] la reiteración del 10 de enero;[40] eso quiere decir que, si no se movi-

[37] El ejército fue disuelto en la batalla del 9 de abril de 1952 en lo que configura un caso único en la historia latinoamericana. Su reorganización posterior destruyó primero a los reorganizadores y restituyó al ejército a un papel hegemónico, bastante modernizado, respondiendo a las características del nuevo Estado, que también se modernizó.

[38] Este día se libró en La Paz la batalla final por el poder entre el ejército, que impuso en el poder a Bánzer, y los combatientes populares que respaldaron a la fracción del regimiento Colorados que luchó al mando de Sánchez.

[39] El general Rogelio Miranda era presidente del triunvirato al que destituyó Torres con su audaz resolución del 7 de octubre. Ovando, deslizándose hacia la derecha, intentó comprar con esta conversión la buena voluntad de la derecha, pero ésta resolvió tomar no sólo la parte que le daba Ovando sino el poder entero.

[40] En conexión con el movimiento anterior, una vez fracasada la empresa de Miranda, en torno al comandante del Colegio Militar, Hugo Bánzer, hoy presidente de Bolivia, se organizó un nuevo golpe el 10 de enero, tres meses después de la asunción de Torres. La mención

214

lizaban las masas, aun en la forma celerosa en que lo hicieron, la caída habría sido todavía más temprana. Torres hizo bien en permitir la movilización de las masas, hizo mal en no armarlas, es cierto que no estaba en su proyecto jamás el armarlas y, en cambio, la izquierda demostró una gran inmadurez al plantear nuevas medidas de radicalización, desde el Palacio o fuera de él, en lugar de exigir o plantear por sí misma la solución del fondo de la cuestión, que era el armamento del pueblo para enfrentar a la derecha militar. Torres no hizo esfuerzo alguno por desmontar el aparato gorila pero tampoco hubiera podido hacerlo con el respaldo de una mera movilización; era preciso que esa movilización estuviera armada. Era una lucha contra el tiempo en la que ganaron los que tuvieron ideas claramente reaccionarias a los que tenían sólo confusos anhelos revolucionarios.

LA NO CORRESPONDENCIA ENTRE LAS MASAS Y LAS ORGANIZACIONES

Veamos ahora otro aspecto, que puede llamarse el de la no correspondencia entre las organizaciones y el movimiento de las masas. El concepto de la "Asamblea como escuela" se fundaba en el supuesto de que Torres iba a lograr la tranquilidad del

de estos hechos tiene sentido porque demuestra que se trataba de una única conspiración a lo largo del tiempo, que culminó con éxito el 21 de agosto. Demuestra que es falso decir que el golpe de agosto existió como consecuencia del manifiesto de los clases o de las acciones de provocación de la izquierda. Con provocaciones o sin ellas, la derecha estaba dispuesta a derrocar a Torres al día siguiente de su toma del poder.

ejército y la izquierda, la tranquilidad de las masas;
esto segundo, en un grado suficiente como para que
las obras de desarrollo lograran resultados y habili-
taran económicamente al país en un futuro gobierno democrático de unidad de las izquierdas. Era
un esquema que partía de un presupuesto: asumía
ya al bonapartismo como si éste tuviera posibilidades de un éxito más o menos constante en Bolivia, a la manera de lo que aparentemente sucedía
en el Perú. Pero el bonapartismo es la modernización del Estado, en un Estado que está ya en movimiento, es decir, ya modernizándose por lo menos
en cuanto llama a la modernización. La situación
era bastante diferente en Bolivia. Se diría que aquí,
por el contrario, tenemos un Estado estancado bu-
rocráticamente como consecuencia de las prematuras
reformas democrático-burguesas del 52. Aquí el proceso democrático-burgués ocurrió demasiado temprano, cuando todavía no había el partido que lo
prosiguiera hasta su fin; por eso aquellas medidas,
aunque revolucionarias en la forma, adquirieron una
derivación reformista; cambiaron profundamente las
cosas para estancarlas de inmediato y ahora se podría
decir que el Estado que generó es una trampa. Las
clases que son parte de él, como el campesinado,
están presas en él; pero el proletariado, sencillamente, no se siente parte. El corazón de ese Estado es
el ejército y, con relación a él, el proletariado es una
clase separatista. Por consiguiente, ésta es otra de
las razones por las que no debía esperar mucho del
tardío experimento semibonapartista de Torres.

Por las causas mencionadas antes (su ruina política), Torres, en efecto, quería salvar al ejército lu-
chando contra las tendencias predominantes en el
ejército. Pero, en las crisis sociales, las sociedades
apelan a sus recursos finales; esta sociedad, la cons-
truida sobre las reformas del 52, no acepta al proletariado sino cuando lo inmoviliza y lo enmudece.
El ejército, que es la violencia institucionalizada, el
lado violento de esa estructura, era el último recurso de esta sociedad. El MNR multiplicó inmensa-
mente la propiedad pequeñoburguesa; sobre esa base
se edificó el actual Estado boliviano y su ideología.
Era casi inevitable que los sectores conservadores
de esta sociedad se hicieran por consiguiente más
anticomunistas, más masivamente anticomunistas, que
en cualquier época del pasado, cuando eran pocos
los que tenían algo que perder. Por eso Torres no
pudo conseguir la tranquilidad del ejército, porque
la formación ideológica anticomunista demostró ser
mucho más poderosa que los llamados débiles de
Torres. Tampoco el PCB ni partido alguno de la izquierda pudieron cumplir la segunda condición para
que el esquema se realizara, que era la quietud de
las masas, y lo que se vio en grueso es que los
partidos izquierdistas de Bolivia no controlaban a
las masas. Éste es un hecho que, como todos los
demás, tiene su origen en la historia social del país.
Una clase, en efecto, no se define sólo por el lugar
que tiene en el proceso de la producción; su vida
y su carácter están también definidos por el modo
en que ha ocurrido su historia como clase. Cada clase es inevitablemente heredera de su propio pasado.
   Los mineros habían entrado en la política en la

década del 40. Fue el MNR el que los introdujo y
fue también el MNR el que metió en la política a
los campesinos en la década del 50.[41] Hasta entonces, ambos sectores no existían, para los fines de
la política, sino por irrupciones. La política se
definía en el margen correspondiente a las capas urbanas intermedias. Por eso el MNR pudo desarrollarse como un auténtico partido de masas. El MNR
dio a las masas su carácter (pequeñoburgués, nacionalista, populista) y las masas dieron su carácter
al MNR que se amoldó a ellas a lo largo del tiempo; fue un partido radical, cuando las masas eran
radicales (en el 52); cuando las propias reformas
demoburguesas despertaron sentimientos conservadores en ciertos sectores de las masas, como los campesinos, el MNR se hizo conservador. Aquí corresponde una digresión, para el buen desarrollo del asunto. Es el problema de la relación entre las masas
y los partidos de la izquierda. La movilización de
las masas ¿se desprendía de los partidos, había sido
organizada por ellos o es que, por el contrario, los
partidos de izquierda se beneficiaban, en la nego-
ciación política, con un ascenso de masas previo a
ellos? El populismo es la forma en que existieron
las masas de Bolivia, y el espontaneísmo su método,
el MNR su partido, Lechín su jefe sindical. Naturalmente, el populismo ya fracasó como fórmula de
poder en el 64, el espontaneísmo ha sido vencido

[41] Una participación orgánica de los mineros en la vida
política no se hace sentir sino después de la masacre de
Catavi, en 1942. El MNR los recluta y dentro de él actuarán por mucho tiempo. En cuanto a los campesinos,
aunque los alzamientos y sublevaciones existieron secu-
larmente, no actuarán como *clase política* sino después
de 1952, tras la organización de los sindicatos y la expulsión de los patrones por la reforma agraria.

218

cuantas veces ha sido necesario por el ejército, el MNR no es sino un harapo miserable de lo que fue y Lechín no sobrevive sino en la medida en que se amolda a los hechos, casi como una costumbre de los sindicatos.[42] Pero cuando Ovando abrió las compuertas que contenían a las masas, cuando dejó el barrientismo, las masas existieron de la única manera que sabían existir: espontáneamente. Esto puede decirse de otra manera: las masas se movilizaban a un lado y los partidos en otro; los partidos eran como parásitos de una movilización de masas que no les pertenecían, trataban de explotar ese movimiento pero, en definitiva, no lo conducían y, por el contrario, acabaron por seguirlo. Aquí sí que, como dijo Lenin en 1905: "Las organizaciones habían quedado atrás respecto al crecimiento y la envergadura del movimiento".[43]

COLOCACIÓN ESTRUCTURAL Y DEVENIR INTERNO
DE LA CLASE

¿Cómo son, por ejemplo, las masas obreras? Son populistas; su dirección ya no lo es y sus dirigentes son lo mejor que hay en toda la política del país. Pero las masas mismas, por su visión de la política, por sus hábitos, por sus propósitos, son populistas.

[42] Pero una costumbre poderosa como la supervivencia de las propias modalidades populistas. La actuación de Lechín el 21 de agosto fue meritoria porque se definió inconfundiblemente contra el fascismo. En el primer momento, que fue de confusión, su presencia en el estadio sirvió de punto de referencia de las masas para su asistencia al combate. Como Sánchez, debido a una acertada definición oportuna, Lechín mejoró grandemente su posición dentro de la izquierda.
[43] Lenin, *Las enseñanzas de la insurrección de Moscú.*

Su punto de decisión política es la asamblea, como la plaza del pueblo entre los campesinos, pero no el partido. La propia Asamblea Popular, al exacerbar el acento en la consideración del concepto de la condición obrera, al hiperbolizar la extracción de clases y no la ideología de clase, era una institución que seguía las inclinaciones auténticas de las masas, su patriotismo obrerista, pero sin organizarlas para llegar a un grado político superior. Es una realidad desgraciada: la deserción del MNR corroboró el defecto de las masas bolivianas, que es la desviación sindicalista. Cuando el ascenso de masas es expresado sólo por un instante por un partido que no asume el carácter final de dicho ascenso o no puede cumplir las tareas que le pide, se puede decir que la historia sucede de una mala manera. Pero si la izquierda no se apercibe de esta conciencia, continuará siguiendo a masas muy activas pero sin conducirlas jamás. En realidad, no eran sólo el MIR o el ELN los que estaban fuera de las masas, aunque en ellos el hecho se veía de una manera más drástica; era toda la izquierda.

Aun en esas condiciones, sin embargo, la Asamblea fue la más avanzada expresión del poder obrero, una experiencia que no había existido jamás en parte alguna de la América Latina. Hay que preguntarse por qué el proletariado es súbitamente poderoso el 7 de octubre,[44] y cómo fue tan débil durante el barrientismo. Las cosas se presentan como si no fuera una misma clase sino dos clases diferentes; tanta es la diferencia entre un momento y el

[44] Porque, sin él, el acto de Torres hubiera sido un salto al vacío. El proletariado fue determinante en esas jornadas pero eso no quería decir que estuviera políticamente organizado.

220

otro. Es, otra vez, algo que resulta no de su colocación en el proceso de la producción, que es el mismo en un momento y en el otro, sino de su devenir interno como clase y, aún más que eso, de su acumulación como acontecimientos, es decir, de su historia en cuanto clase, que es lo que le da lo que se puede llamar un "modo de ser". Está a la vista que la clase tiene flujos y reflujos, que su comportamiento es distinto en situaciones distintas; pero el proletariado de Bolivia es básicamente una clase victoriosa y tiene un ánimo ofensivo. En una misma colocación estructural, una clase puede, en efecto, desarrollar una distinta personalidad según el grado de éxito que tenga en su táctica, en el azar de sus dirigentes, en la fortuna de sus operaciones. ¿Cómo fue que esta clase, que imponía la ley a todas las demás, que tuvo en el 52 un poder tan inmenso como para liberar a otra clase, la más extensa, un poder, convengamos, más grande que su propia madurez, sin embargo no pudo organizar, en mayo del 65,[45] la mínima resistencia ante la ofensiva de la Restauración?[46] Y ¿cómo ahora, en octubre del 70,

[45] Después del apresamiento de Lechín, el ejército ocupó la mayor parte de las minas del país en medio de grandes matanzas en mayo de 1965. Estaba dentro de la política de Barrientos que consistía en convertir a los distritos mineros en campos de concentración pero, en cambio, halagar a los caciques campesinos, los cuales, de esa manera, puesto que no se tocaba las tierras, podían practicar su *hábito dependiente* con relación al aparato del Estado.

[46] Restauración, en oposición al ciclo revolucionario iniciado en 1952. Barrientos y Ovando bautizaron ellos mismos su régimen, en los primeros días siguientes a su ascenso al poder en 1964, como Revolución Restauradora, confesando el carácter reaccionario que adquirió el gobierno del ejército.

podía otra vez obligar a un gobierno a aceptar
formas así sea nacientes de un poder dual, en una
suerte de esfuerzo de restablecimiento del *status*
histórico del 52?

LA GUERRILLA Y LA RUPTURA DEL AISLAMIENTO OBRERO

Estos hechos tienen una relación o dependencia
respecto a lo que ocurrió en Ñacahuazu en 1967
y en Teoponte en 1969.[47] En la interrelación entre las matanzas mineras del 65 y el 67, los fenómenos guerrilleros y el acto de masas del 7 de octubre (1970) es donde se puede mejor ver hasta
qué punto el aislamiento del proletariado conduce,
al contrario de lo que podría suponerse, a una
pérdida en su carácter; de qué manera su verdadero
tempo no se realiza sino en conexión con las otras
clases; cómo, para el proletariado, la posición natural es la de dirigir al frente de clases oprimidas
y no aislarse de ellas. En ambos casos, en Ñacahuazu y Teoponte, se intenta la instalación de
focos guerrilleros; en ambos casos, el ejército repri-
me salvajemente a la guerrilla y la extermina. La
guerrilla no consigue sobrevivir; tampoco logra, por
consiguiente, su expansión política hacia las masas.
Sensiblemente, no tiene tiempo para hacerlo, es
vencida en su fase primera. Pero una cosa es el fracaso militar y otra el fracaso político y aun es po-

[47] Durante siete meses, una guerrilla comandada por
Che Guevara luchó en la zona que iba desde el cañón
de Ñacahuazu hasta las quebradas de Vallegrande. El
mismo ELN lanzó después otro "foco" en Teoponte, en
la zona norte del departamento de La Paz, donde una
compañía norteamericana explota el oro. Estas campa-
ñas tuvieron mala fortuna desde el punto de vista militar.

222

sible un fracaso político inicial, localizado, y un éxito político diferido, difuso. Las repercusiones de las experiencias guerrilleras en la formación política del país serán inmensas, en efecto, y la guerrilla como efecto político tendrá arraigo allá donde no se lo proponía o donde se lo proponía menos. ¿Qué quiere el foco en materia de movilización política? Quiere la actividad, el respaldo y la conciencia de los campesinos; inicialmente, los del lugar en que se desarrolla. Pero el campesinado había creado en Bolivia una relación de dependencia no con la clase obrera, que lo liberó *realmente* desde el Estado del 42, sino con el aparato estatal como tal, es decir, con la máquina estatal desde la que *formalmente* se hizo la liberación. Se dice por eso que es una *clase funcionaria:* cree en cualquier poder que le respalde la posesión de la tierra, que ha sido su objetivo político secular, su programa único y su identificación. He aquí cómo el precoz desarrollo democrático-burgués expandió el elemento humano de asiento del Estado que estaba creando. Pero lo de Ñacahuazu y Teoponte se afincó en el corazón de las pequeñas capas medias, en la juventud pequeñoburguesa de las universidades y colegios.

Se localizó donde no lo pretendía; pero, a la vez, proporcionó una apertura táctica fundamental a una clase a la que no se refería sino para fases totalmente posteriores. Realmente, si se quiere hacer un cómputo verídico de los hechos en lugar de ver en todo victorias totales o derrotas totales del foquismo, debe decirse que el principal efecto de las experiencias guerrilleras en la superestructura política fue la ruptura del aislamiento obrero. Es cierto que el foquismo se proponía cualquier cosa menos hacerse obrero; es cierto, a la vez, que en

223

toda su actuación posterior demostró también sencillamente *no saber* por qué el marxismo supone el papel dirigente de la clase obrera. He ahí, sin embargo, cómo un proceso no depende de la conciencia de sus actores sino en una medida limitada. Puesto que el planteamiento sindicalista del poder dual condujo en 1952 a que el populismo se apoderara del propio dual transformándolo en cogobierno; puesto que el cogobierno expresaba ya al policlasismo [48] tan característicamente populista; puesto que esta experiencia no condujo sino a la hegemonía de la pequeña burguesía dentro del frente nacionalista, era lógico que el ciclo concluyera en la incomunicación del proletariado. El ejército había remplazado a la clase obrera como socio principal de la pequeña burguesía y su presencia era incompatible con la de aquélla. El campesinado, está dicho, se separó de la clase que lo había liberado, quizá porque el proletariado tenía conciencia del campesinado pero éste no tenía conciencia

[48] El MNR se definía como un partido policlasista. Todos los partidos lo son en alguna medida, naturalmente; pero el MNR decía ser la alianza entre la clase media, los campesinos y los obreros. En Bolivia, el nacionalismo revolucionario fue el nombre que tomó el populismo y el populismo expresa el concepto de que las clases interiores al nacionalismo revolucionario son iguales en poder y derechos. Esto no podía derivar sino en un triunfo flagrante y extenso de las nociones pequeñoburguesas acerca del poder, del país y de todos los problemas en general.
A la etapa de la primacía de la clase obrera dentro del frente clasista nacionalista revolucionario se llama la fase del poder dual. Ocurrió en 1952 y unos pocos meses más. El "golpe de Estado" que protagonizó la pequeña burguesía contra la clase obrera posteriormente convirtió al poder dual en cogobierno MNR-COB.

alguna del proletariado, y en cambio consolidó a profundidad sus nexos con el Estado, el nuevo leviatán poderoso e impalpable. La pequeña burguesía se hizo tan reaccionaria que perdió la capacidad de mantener ni siquiera un pacto remoto con la clase obrera. Por todas estas causas y porque desde el cogobierno ya había pasado a la defensiva, la clase obrera estaba sola en 1964. Fue fácil para Barrientos emprender una ofensiva política y militar contra esta clase solitaria en mayo y octubre de 1965; las matanzas no obtuvieron una respuesta.[49]

En aquel momento, los universitarios eran falangistas o demócrata-cristianos, a la vieja usanza. Lo que ocurre después con esta juventud demócrata-cristiana, uno de cuyos sectores participa ya en la guerrilla de Teoponte, o con Torres o con figuras individuales como Quiroga Santa Cruz,[50] es todo parte del mismo contexto de radicalización. Es todo

[49] Estaba sola en el sentido de que sus intereses de clase no coincidían con los de las demás. Pero eso no quiere decir que actuara políticamente sola. En realidad, alguna concurrencia obrera hubo al golpe de noviembre de 1964, junto a los militares restauradores. Precisamente porque estaba sola en un sentido fundamental, su dirección deambulaba y permitía que la clase fuera arrastrada hacia intereses que no eran los suyos. En mayo, en todos los centros mineros y en octubre de 1965 en Catavi, en junio del año siguiente otra vez en Catavi, el ejército realizó las matanzas. Entonces pudo verse hasta qué punto la clase obrera, en esa coyuntura, carecía de aliados, porque sus "aliados" políticos de noviembre eran los que la masacraban.

[50] Se sabe lo que ocurrió con Torres. El sector de la democracia cristiana revolucionaria (DCR) que no entró en Teoponte participó después en la fundación del MIR. Quiroga Santa Cruz fue la principal figura en la nacionalización del petróleo en tiempo de Ovando. Fundador, después del Partido Socialista.

un sector el que es afectado por un proceso global de asentamiento de las ideas izquierdistas. De esta manera, la guerrilla no rebota inmediatamente en el campesinado; los propios obreros la apoyan, como ocurrió con la conferencia que dio pretexto a la matanza de San Juan o con los mineros de Teoponte,[51] pero ello ocurre porque, en esas condiciones, habrían apoyado cualquier desafío izquierdista, sin insertarse directamente en él. Se hace carne, en cambio, de un modo intenso en la juventud de la pequeña burguesía universitaria.

A partir de las universidades, que tienen entonces un mínimo de capacidad de movimiento que ha sido negado a los centros obreros, es desde donde se rompe el aislamiento de clase del proletariado. Es en las propias universidades donde se rompe la unanimidad campesina en torno al poder del Estado. En la universidad se reagrupa el movimiento obrero perseguido y en la universidad se reúnen los campesinos que estaban en disidencia con la Restauración. Eso encuentra su expresión especialmente cuando se discute el Impuesto Predial Rústico, con el que Barrientos, aplicando una vieja idea de la embajada norteamericana, quería gravar las tierras entregadas a los campesinos. Entonces, se organiza la Confederación Independiente de Campesinos, independiente para diferenciarse de la confederación oficialista, que seguía rígidamente los cánones de la adhesión campesina al Estado. Los independientes

[51] Catavi se resolvió a apoyar a los guerrilleros que combatían en ese momento —julio de 1967— en Ñacahuazu. La respuesta del ejército fue fulminante y es conocida como la masacre de San Juan.

Los mineros de Teoponte intentaron apoyar de varias maneras a los guerrilleros de 1970 pero no tenían medios de comunicación para hacerlo.

y los colonizadores son los primeros sectores que señalan un nuevo hecho sociológico, de gran importancia hacia adelante, que es la diferenciación interna dentro del campesinado, la lucha de clases, estratos y subclases dentro de un campesinado sometido a condiciones muy variadas. El tiempo había transcurrido de modo que nuevas contradicciones aparecieron en el seno del campesinado y emergen grupos campesinos que ya no están interesados en la mera disposición de la tierra. Estos grupos se organizan en las universidades, en algunos casos son reunidos por los mismos dirigentes universitarios que después ingresan a Teoponte y proclaman la alianza obrero-campesina, para remplazar al pacto militar-campesino, que había sido la base del poder de Barrientos. Aquel pacto fue, de hecho, el fundamento social de la Restauración. El sector social que había creado la fijación más intensa con relación a la maquinaria desde la que se le había obligado a existir políticamente se aliaba aquí de un modo concreto con la zona más intensa del poder del Estado. Hasta qué punto Torres pertenecía a este Estado (el democrático-burgués creado por el 52) lo demuestra su negativa terminante a revisar este pacto. La izquierda, naturalmente, siempre postuló la alianza obrero-campesina.

Este eje obrero-universitario, con influencia en los sectores más avanzados del campesino, está trabajando cuando aparece Ovando. Pero su funcionamiento es ya neto, masivo y orgánico cuando sube Torres al poder. Es más, es lo que explica el ascenso de Torres al poder. De aquí resulta la peligrosidad de un régimen con las características del de Torres: no de lo que era Torres mismo sino de lo que acarreaba consigo. No podía ser básica-

227

mente importante para los norteamericanos perder el zinc o las colas y los desmontes de Bolivia. No les importaba la expulsión del Cuerpo de Paz, que no era sino una colección de protestantes despeinados. Pero, detrás de Torres, las masas se estaban movilizando a la vez con cierta eficacia, puesto que para ello les habilitaba la ruptura del aislamiento obrero, y con ciertas flaquezas, porque no atinaban a renunciar a las endebleces de su pasado. No renunciaron a ellas, ciertamente; en alguna medida las desarrollaron. La Asamblea fue el desarrollo culminante de las desviaciones esenciales del proceso revolucionario boliviano.

La ausencia o vacío que explica esa distorsión es la falta en la existencia de un partido obrero o, si se quiere, la existencia insuficiente y sectaria de los partidos obreros. El MNR no fue jamás el partido de la clase obrera. La clase obrera militó en su seno casi en su totalidad, en determinado momento, pero eso no quería decir que fuera el partido de la clase obrera. No era un partido marxista-leninista ni era el partido de una clase sino la alianza de varias clases bajo la hegemonía ideológica y práctica de la pequeña burguesía. Pero era el partido debajo del cual y en cuyo nombre se produce el ingreso del proletariado en la política, su manifestación superestructural. En este sentido, era el partido al que la clase obrera se refería en aquel momento de su desarrollo.

Cuando el MNR fracasa en su intento de hacer una revolución democrático-burguesa dentro del cuadro de la dominación imperialista, cuando se frustra la expansión económica e institucional que se procura desde dentro del capitalismo dependiente, se produce una pérdida o desgarramiento. La clase obrera

228

deja de tener un punto político de referencia, por lo menos uno que tuviera la eficiencia y la extensión del MNR. En un esfuerzo, que no era consciente, el movimiento de masas intenta remplazar al partido en el seno del sindicalismo mismo; nadie lo decía pero aquí operaba, en los hechos, cierta oscura convicción de que la diferencia entre sindicato y partido no estaba sino en la amplitud de su propósito, que el partido era como un sindicato más avanzado y que, por consiguiente, el sindicato podía atribuirse históricamente el papel del partido. O sea, luchar contra el tradeunionismo convirtiendo en unidad política al sindicato mismo. Si esto era avanzar hacia tipos locales de soviet o si era simplemente seguir los requerimientos peligrosos de la realidad, sin compensar su pobreza, es algo que se podría discutir de un modo interminable. Pero el hecho tiene otras caras. En ausencia de un partido obrero que tuviera hegemonía sobre los sindicatos y les diera coherencia, los partidos no ofrecían *fuera del sindicato* sino la fragmentación y el sectarismo. La vida dentro de un sindicato es diferente. Las tendencias políticas tienen que convivir y operar de consuno, por lo menos sindicalmente. Por consiguiente, quizá los sindicatos eran la unidad de una izquierda que no aprendía a unirse fuera de ellos.

Pero esto, que operaba en los hechos tanto como se enmudecía a sabiendas en las discusiones, a la vez que acentuó la deformación del proceso resultó largamente insuficiente. La Asamblea Popular intenta remplazar ese vacío en la conducción de las masas, aunque otra vez de un modo heterodoxo impuesto por la realidad de la situación. Era como si los soviets hubieran estado compuestos en Rusia, en su mayoría, por los sindicatos. Quiere ser

229

el instrumento político del movimiento sindical,[52] instrumento todavía sindical en lo básico (porque se funda en la extracción de clase), aunque con la participación de los partido de izquierda (que prestan más importancia a la ideología de clase o deberían hacer tal). Pero la Asamblea no tiene tiempo para lograr su propia extensión; apenas si existe lo suficiente para decir que existe. El preocuparse de su programa y no de su existencia era parte de la inoperancia obligatoria que resultaba de su conformación sindicalista.

SOBERANÍA Y DEPENDENCIA DE LA ASAMBLEA POPULAR

La preocupación por que la Asamblea existiera, en lugar de conformarse con que la COB asumiera la representación política de la izquierda, como ocurrió en el 52, demuestra ya hacia dónde iba la conciencia de la izquierda. Estaba claro que Bolivia tenía un poderoso movimiento de masas que, por las modalidades de su desarrollo, intentaba con grandes dificultades crear a posteriori una vanguardia política (por una vía ecléctica no ortodoxa) casi contrariando el decurso normal del crecimiento político, en el que la vanguardia debe crecer junto al movimiento, impulsándolo, corrigiéndolo y siguiéndolo. La prueba de que esta carencia estaba en la conciencia de la izquierda es que la Asamblea

[52] Eso es lo que decía el primer párrafo del borrador del estatuto. No llegó a ser aprobado en esos términos exactamente pero es evidente que esta idea estaba presente en todos los documentos básicos de la Asamblea Popular: ésta debía ser el brazo político de la COB, es decir, el instrumento de los sindicatos para actuar en la política.

existió; la prueba de que no existió en el grado
suficiente es que el predominio sindicalista era
todavía un requisito estatutario.[53]

Veamos ahora cómo la cuestión de la vanguardia
política se vincula con la de la vanguardia armada.
Esto era resultado de la seudosoberanía de la Asamblea. Uno se pregunta, en efecto, por qué la
Asamblea era inoperante. Lo que debió haber sido
un soviet, en efecto, se convirtió en un parlamento
exclusivo de la izquierda. Eso era consecuencia de
algo mayor: un órgano de poder que depende
de otro no tiene soberanía. Aquí era el ejército
el que, a través de las persuasiones de Torres, ad-
mitía al órgano del poder obrero. Pues bien, en la
medida en que dependía de Torres o que necesitaba
de Torres para ser seudosoberana, corría la suerte
de Torres. Pero para plantearse sus verdaderos problemas, habría tenido que ser lúcida como sólo puede serlo un partido; si no se pensaba como el par-

---

[53] Siempre en la faena de improvisar un remplazo para
el partido. El problema consiste en averiguar si estamos
en la fase de la construcción del partido revolucionario, es
decir, si alguno o algunos de los partidos que componen la izquierda crecerán a expensas de los demás merced a una posición triunfante o si la realidad será tan
veloz que no permitirá la existencia regular de un partido hegemónico. La posición frentista (el FRA) supone
que es peligroso esperar que los hechos permitan la
existencia de dicho partido predominante, que ahora no
podría ser sino un proyecto. Pero quizá, acerca de este
problema, habría que estudiar el papel del partido político en los procesos revolucionarios de los países atrasados. Quizá la abreviación y la mera semiexistencia del
período democrático-burgués no permitan la existencia de
partidos en el sentido europeo. Es un tema que se debería estudiar con más detención.

tido de los obreros, no se armaba; si no se armaba, tenía que caer con Torres.[54]

EL EJÉRCITO Y EL ESTADO

Al mismo tiempo que no existía un verdadero poder dual, puesto que el órgano del poder obrero no tenía sino una soberanía pactada, la Asamblea sin embargo se presentaba ya como una amenaza inmediata para el ejército. Como es explicable, Torres mostraba un gesto airado cuando la izquierda hablaba de la sustitución del ejército, lo cual quería decir destruir al actual ejército, o cuando los clases denunciaron el carácter esencialmente reaccionario del ejército.

Para volver sobre este tema: aunque nadie ha probado todavía que no se tratara de una provocación ruda y desnuda, en el enjuiciamiento al manifiesto de los clases se tiende a considerar sólo su aspecto político inmediato pero se pasa por alto su carácter principal. Este manifiesto, en efecto, demostraba ya en qué proporción, cuando la lucha de clases existe a plenitud en la sociedad en su conjunto, acaba por insertarse o instalarse aun en las instituciones que quieren ser cerradas. Expresaba la agudización de la lucha de clases que ya Ovando y Torres habían manifestado en el seno del ejército.

La visión del ejército como unidad institucional,

[54] Esto toca a la presencia de Torres en el Frente organizado después de su caída, que congregó a toda la izquierda. En los hechos, aunque era discutible que la izquierda participara en el esquema de Torres, es, en cambio, importante que la corriente que Torres representa participe en el esquema de la izquierda.

a la que tendía Torres, era una idea tan conservadora como cuando, en la década del 40, se hablaba de unidad nacional como consigna contra la lucha de clases. A través de este manifiesto, Torres y los oficiales temieron por la vida uniforme del ejército. Las instituciones que son reales (en el sentido de expresar a la sociedad en lugar de reprimirla y de negarla en sus tendencias máximas) no temen por su destrucción; pero el ejército es el alma del Estado. Sin el ejército, todos los brazos del poder del Estado no son sino una forma. El aparato represivo del poder dual del 52 fue el pueblo en armas; cuando do el poder dual se resolvió por su lado conservador, el ejército reorganizado asumió ese papel. Pues bien, no era el ejército el que temía por su destrucción sino toda la sociedad creada por el 52 la que temía por su destitución. Aquellas expresiones, como es claro, eran provocadoras, pertenecían a la jerga de gentes que no se mueven sino entre esquemas máximos; pero lo eran en una medida mucho menos trascendente de la que se daba a entender. El ejército no se sentía amenazado por un manifiesto o por un voto; se sentía amenazado por la existencia misma del ascenso de las masas. No importaba qué dijera ese movimiento de las masas; el ejército no iba a estar tranquilo hasta que no dejara de existir como un hecho políticamente vigente, como un vértigo desafiante. O sea que todo ejército como todo derecho asimismo, son siempre conservadores porque se refieren a un determinado tipo de Estado al que tratan de conservar. Se dirigen a la defensa de un orden que ya existe y no al orden de un Estado que se quiere construir.

Sería totalmente demagógico afirmar, en este sentido, que el presente Estado desaparecerá pero sobrevivirá, en cambio, el ejército. Eso no sería sino una gratuita concesión en los términos. Pero que el ejército sea conservador en su esencia, no quiere decir que lo sean sus oficiales. En determinado momento, el ejército, como todas las instituciones, es otro escenario de la lucha de clases y, precisamente, los militares revolucionarios son la base del futuro ejército, del que defenderá al nuevo Estado.

El problema consistía en definir dónde radicaba el eje verdadero del poder. Si hemos de creer lo que Torres planteaba, hay que suponer que él creía en la transformación pacífica del ejército, en una mutación apacible desde el ejército que ejecutó a Che Guevara hasta un ejército socio y defensor de la Asamblea Popular. Esto, naturalmente, no tenía nada que ver con una transformación revolucionaria del ejército, en la que Torres habría tenido que dar un "golpe de Estado" dentro del ejército contra el equipo gorila. Pero Torres tuvo ocasión abundante de ver, así como la Asamblea, que el poder está allá donde están las armas.

TORRES EN EL 21 DE AGOSTO

La conducta de Torres a la hora de la confrontación es sólo la prolongación de su visión del proceso. Se puede decir de él lo que Lenin de los laboristas ingleses: tenía miedo de su propia victoria.

No era una pobreza en el coraje personal. La osadía con que, en su momento, el 7 de octubre, se apostó en la Base Aérea, en El Alto, enseña que no era ésa la explicación adecuada. El 21 de agosto sabía, en cambio, porque había transcurrido un mundo en diez meses, que, si triunfaba (es un decir),

234

triunfaba en realidad la Asamblea Popular o, en el mejor de los casos, la minoría de militares revolucionarios, como Sánchez, y la izquierda en armas. La expansión del triunfo real de la Asamblea por en medio del triunfo ornamental de Torres era, sin duda, inevitable si las cosas hubieran ocurrido de ese modo, que no era imposible.

Pero, entonces, ya no triunfaba él, que era el equilibrio entre el poder naciente de las masas y el poder efectivo del ejército. Esto es lo que explica la absoluta falta de voluntad de vencer que demostró. Al fin y al cabo, las propias armas que se repartieron, que fueron tan pocas, se repartieron por debajo de su pronunciada renuencia a hacerlo. Pero dejar las cosas dichas solamente así sería estancarse en la fase del incumplimiento de Torres, sin tener en cuenta que, al fin de cuentas, Torres dio más a la izquierda que lo que la izquierda le dio. En todo caso, agosto demostró que en las revoluciones no hay regalos, que el único poder del que se puede disponer es el que uno mismo conquista con las propias manos, que el ejército, en suma, con militares patriotas o sin ellos, no regalará una revolución al pueblo.

Consecuencia de ello era el papel, todavía indicativo pero ya tan elocuente, que iban a desempeñar las vanguardias en el momento debido. La Asamblea, se ha dicho, tenía un sentido histórico de primer orden, que era construir un ersatz a lo que el movimiento popular no había tenido nunca, al instrumento político, al partido de la clase obrera. Es, en efecto, casi un apotegma de la política latinoamericana el saber que Bolivia es el caso de un poderoso movimiento popular con sólo una débil vanguardia. La batalla del 21 de agosto demostró

235

algo más: enseñó ya, sin discusiones, el papel de la vanguardia armada. La Asamblea hacía para sustituir una falta en el movimiento de masas y las vanguardias para sustituir una falta en la Asamblea pero ni la Asamblea era el tamaño de la falta del partido ni las vanguardias de la dimensión de la falta de la Asamblea.

NORTEAMERICANOS Y BRASILEÑOS EN LA CONSTRUCCIÓN DE BÁNZER

Consideremos dos aspectos finales, que son la participación de los servicios norteamericanos y brasileños y los errores en la técnica militar, que fueron una continuación de la correlación de faltas políticas de la izquierda. A decir verdad, ambos aspectos son también complementarios. El éxito de la audacia del enemigo es resultado del fracaso de la propia audacia, pero la audacia misma no vale nada cuando no se funda en un sustento material. Lo que llamamos audacia en política no es sino la actividad de una fuerza de clase que ya existe eficientemente como potencia. Es necesario hacer varias salvedades cuando se analiza estos aspectos de aquella coyuntura histórica.

Ni en tiempo de Ovando ni en el de Torres se hizo esfuerzo alguno para desmontar el aparato de espionaje de los norteamericanos. Ellos, que habían inventado a Barrientos, que hacía años que tenían ocupado al país de un costado a otro, actuaron también con las manos libres en el golpe que encumbró a Bánzer. Para la fecha señalada, pues se temía que las acciones fueran violentas, el embajador Siracusa salió del país y se instruyó a las familias norteamericanas, con memorándumes expresos, que se abastecieran de alimentos.

Los brasileños entregaron sumas importantes de dinero a los golpistas, introdujeron armas en escala importante (según la tardía denuncia de Reque Terán) y prepararon toda la frontera para operaciones de mayor envergadura. Se movían en territorio paraguayo como si fuera parte del estado de Santa Catalina y abastecieron a la guarnición de Santa Cruz, a la sazón al mando de Sélich,[55] de manera que la zona pudiera resistir por lo menos un mes sin ningún otro envío, de un modo que delata hasta qué punto se preparaba una guerra civil territorial, con su participación casi directa. El sorpresivo éxito inmediato en La Paz hizo que se tornaran innecesarios aquellos procesos.

La historia de Hugo Bethlem, ex embajador brasileño en Bolivia, es también conocida. En un discurso, que se difundió bastante, propuso que Bolivia se convirtiera en un protectorado brasileño-argentino, en una aplicación sin ambages de la doctrina de las naciones mayores que, en su momento, proclamó Onganía por en medio de su acartonada bodoquería. Bethlem organizó una Cámara de Comercio Brasileño-Boliviana unas dos semanas antes del golpe.

Lo que importa sin embargo es evaluar hasta qué punto la doble acción de los norteamericanos y los

[55] Andrés Sélich, comandante del regimiento Rangers, de Santa Cruz. Declaró a la prensa que había fusilado a 220 "extranjeros", en las acciones de agosto. No había, desde luego, en total, 220 extranjeros en todo Santa Cruz. A quienes fusiló fue a los jóvenes cruceños que resistieron al fascismo. Famoso por una crueldad sin límites, Sélich a su turno fue cruelmente asesinado por el aparato de seguridad cuando se puso a conspirar contra Bánzer.

fascistas brasileños fue decisiva en el derrumbe de
Torres. En la posición en que se encontraban, con
la guerra de Vietnam en un clímax incontenible,
difícilmente los norteamericanos habrían podido concebir una ocupación militar directa. En el Brasil,
sin embargo, los planes parecen haber ido bastante
lejos en este campo, con relación al Uruguay y
Bolivia. Bethlem era un psicópata, con más registros
en las clínicas psiquiátricas que hojas de servicio en
Itamaraty, pero no lo era Couto Silva.[56] Coincidia
demasiado con los intereses de la reacción brasileña
y el imperialismo yanqui, jugar a Metternich en
torno a esa "frontera crítica", entre Corrientes y
Rio Grande do Sul. Era fácil impresionar a una
opinión pública de gentes que habían definido sus
fronteras durante siglos en lucha con los bandeiran-
tes. De aquí se extrajo, a pujos más bien inciden-
tales, el concepto de subimperialismo, tan eficaz para describir a un gigante territorial reaccionario
como inope en su rigor.[57] Con Bánzer, en efecto, se
constituyó el régimen más probrasileño del mundo
y con eso no pasó nada. La capacidad de exporta-

[56] Autor del libro *Aspectos geopolíticos del Brasil*, que
es una suerte de evangelio del expansionismo brasileño.
Ese texto cobró súbita importancia cuando Couto Silva
adquirió cargos importantes en el gobierno gorila del
Brasil.
[57] La intervención de los brasileños fue muy marcada.
Para hablar de subimperialismo, sin embargo, se reque-
riría de una dominación económica concreta. Eso realmente no ha sucedido.
Un año después del golpe, según las cifras dadas por
CEPAL, Brasil compraba a Bolivia por 9 millones de dólares y le vendía por 7.6 millones de dólares. Una suma
solamente superior al comercio con el Paraguay, que
no existe, tomando en cuenta a los países fronterizos. Al
mismo tiempo la Argentina compraba 23 millones de

ción de capitales del Brasil resultó bastante limitada y la propia diplomacia brasileña no sabía qué hacer con tan extraordinaria influencia, conseguida sin costo alguno para sus faltriqueras y para sus ejércitos.

Fue una clase reaccionaria local y la cohesión derechista del ejército, factores ambos fundados en términos no tan remotos en la transformación del 52, lo que decidió la suerte de los acontecimientos, aunque es cierto que por debajo de la ocupación norteamericana, que no es una mamelucada como aquella historia brasileña. Son los norteamericanos los que ocupan, en efecto, cultural, económica y políticamente a Bolivia y no los brasileños. Pero si no hubiera cierta base conservadora de clase, cierto fundamento social local que lo haga posible, ni siquiera el propio imperialismo norteamericano habría podido hacer demasiado. Aun para definirse en favor de un partido local, ellos necesitan que ese partido exista; no pueden inventarlo. La fragua de la categoría "subimperialismo", con el único fundamento del envío de dineros y carabinas brasileñas para apoyo de Bánzer, no tiene pues asidero. También González Videla envió armas a Urriolagoitia, en el sexenio y la circulación de fondos entre unos países y otros para conspiraciones, elecciones y cuanto cambio político ha ocurrido es quizá la más vieja de las tradiciones republicanas del continente. No se sabe por qué entonces no se habló del "subimperialismo" chileno ni cómo se podría explicar por ejemplo, la colaboración económica que dio el

dólares y vendía 17.4; Chile compraba a Bolivia por 19.5 millones de dólares y Perú por 16.1.
Cf. CEPAL, *Notas sobre la economía y desarrollo de América Latina,* núm. 131.

MNR a tantos de los que consideraba sus iguales en el continente.

Bien cierto es, de otro lado, que resulta tan ilegítimo formular fantasmas con viso de novedades sociológicas como pensar que las cosas carecieron de la gravedad que tuvieron en efecto. El hecho es que Bolivia estuvo al borde de la guerra, de una guerra que no iba a ser solamente civil. Los fascistas triunfantes y sus aliados dijeron que con su acción habían evitado la "polonización" de Bolivia y la justificación oficial del golpe, desde Paz Estenssoro hasta Bánzer, hablaba de que así se había evitado la "desaparición" de Bolivia. Bien poca cosa sería un país que tan fácilmente pudiera desaparecer. Esta confesión delata mejor, sin embargo, el temor de los golpistas con relación a sus propios planes. Paz Estenssoro, Bánzer, los norteamericanos y los brasileños estaban, sin duda, comprometidos en un plan que consideraba la eventualidad de crear una "república democrática" en Santa Cruz de la Sierra, ante el triunfo de la Asamblea Popular y de Torres en el occidente del país. Como el triunfo de Torres, implicaba de hecho la expansión del poder de la Asamblea Popular dentro del esquema de Torres o fuera de él, se puede medir en ello hasta dónde había llegado el antagonismo de clase en la política del país. El que la derecha estuviera dispuesta a una aventura separatista de tal envergadura comprueba el carácter ilusorio de la cogestión y demás planes nacionalizadores en cuanto eran parte de un cuadro de transformación pacífica del país.

La derecha en sí y el propio MNR, que es ahora su agente, habían perdido sin embargo el control sobre todos los sectores estratégicos de la sociedad, excepto el ejército. Es lo que ocurrió en Santa Cruz.

La derecha "calienta" el golpe con una campaña regionalista, racista y separatista. Aquí hay, sin duda, un desarrollo capitalista mucho más acelerado que en el resto del país: el ingreso per cápita es el más elevado y hay una cierta tradición regionalista, que es resultado del fracaso en la realización de las tareas democrático-burguesas. Era una zona concebida como el asiento y el soporte para las secciones militares fascistas y por eso llegó a pensarse en la creación de una república independiente, democrática, para el caso de que fracasara el golpe en el resto del país, donde se suponía que la radicalización de obreros y universitarios era mucho más poderosa. En ello, en la movilización cruceña, los planes de los fascistas se frustran y Santa Cruz es, junto con La Paz, la plaza en la que se resiste con más heroísmo. El fascismo tiene que imponerse sobre la sangre derramada de los jóvenes y de los obreros de Santa Cruz y es aquí donde se produce el más elevado número de fusilamientos. Es un resultado que jamás habrían esperado los fascistas y que expresa hasta qué punto la izquierda era la única capaz de unificar a todas las regiones y clases explotadas en torno a una causa nacional común.

EL PROBLEMA DE LA COSTUMBRE EN EL ANÁLISIS POLÍTICO

La insolvencia de la leyenda de la intervención militar brasileña disimula un hecho más importante que consiste en que la reacción nacional y el imperialismo estaban, en cambio, dispuestos a librar una guerra, con el punto de apoyo del supuesto "separatismo" cruceño o con cualquier otro. Era

241

ridícula de principio a fin la idea de que una semi-colonia, como el Brasil, pudiera librar con éxito una guerra colonial, en un territorio desconocido y frente a una población hostil. Cuando se decía en Bolivia en chunga que "habrían muerto de pulmonía en Comarapa" se expresaba la dificultad de las condiciones que habría tenido que afrontar una supuesta expedición, enviada por un ejército sin experiencias militares importantes, ante unas circunstancias y un territorio difíciles como pocos en el mundo. El propio imperialismo estaba consciente de esta imposibilidad y, a diferencia de la izquierda, que utilizaba métodos contrapuestos o métodos localmente no comprobados, concentró sus medios en la conspiración clásica, analizando correctamente que Torres le daba pie para hacerlo. De aquí mismo podría extraerse otra enseñanza, que es la que se refiere al uso adecuado de las costumbres políticas. ¿Por qué el imperialismo se dirige en primer término al proceso electoral en el Uruguay y en primer término a la conspiración militar en Bolivia? No porque hubiera abandonado el esquema de la intervención militar sino porque allá donde el electoralismo es no sólo una formalidad sino una verdadera tradición del cambio político, se intenta primero la alienación electoral. En Bolivia, la costumbre histórica es el cambio político por la vía del golpe militar. El propio 9 de abril fue la transformación de un golpe militar en una insurrección de masas. De hecho, la instauración de una novedad en el cambio político da ciertas ventajas, en cuanto se gana la iniciativa, pero su instalación misma debe presentar ciertas dificultades; es algo incierto no sólo para el que lo intenta sino también para las masas que han de recibir el método. Pero lo correcto

242

sería ampliar y transformar las costumbres políticas sin excluirlas dogmáticamente como una petición de principio. En todo caso, la posición frente a la costumbre política, que es un supuesto histórico, es un problema no resuelto hasta hoy por la izquierda boliviana.

ASPECTOS MILITARES DEL COMBATE DE AGOSTO

Aun en estas condiciones, el combate del 21 demuestra cuándo la izquierda no puede ser eficaz en una batalla pero también cuándo puede serlo, el grado en que puede serlo, aun en las más desventajosas circunstancias. La historia de las luchas bolivianas tiene como característica la facilidad de la participación popular masiva y agresiva. Eso también ocurrió el 21 pero ahora, por primera vez, con las vanguardias organizadas como cabecilla de la multitud. Por esta vía, las vanguardias enriquecieron a la multitud pero siguiendo su modalidad. Éste fue su acierto; su defecto estuvo en que no actuaron como verdaderas vanguardias sino como prolongaciones de la masa combatiente. Sería fácil demostrar cómo, aparte de las causas mediatas esenciales, que eran políticas y hasta sociológicas, la pérdida de este combate tuvo bastante que ver con improvisaciones propiamente técnicas: desde la mala colocación de los tiradores, el uso tardío de los morteros, la inexistencia de operaciones especiales, la incapacidad para eliminar a los francotiradores hasta la ausencia de un verdadero comando militar.

Las vanguardias, si así pueden llamarse después de una actuación tan convencional precisamente en un campo (el militar) para el que habían sobreanunciado su actuación, demostraron haber preparado a sus hombres sólo para un combate urbano convencional. Proporcionaron tiradores de la mayor calidad y osadía pero no era eso lo que hacía falta; había miles de hombres dispuestos a actuar como tiradores. En cambio, abandonaron casi totalmente el campo de las operaciones especiales. Al final, no había una sola organización ni un piquete del regimiento Colorados que pudieran frenar el avance de los tanques ni construir obstáculos ni cortar el agua y la luz al Cuartel General. El propio Sánchez, después de su magnífico gesto político, no utilizó la artillería sino al final, y esta demora desgastó a los combatientes en el asedio y el asalto a las casamatas de Laicakota;[58] cuando se logró tomar esta posición estratégica entraron en acción los tanques del Tarapacá[59] y entonces se vio que tenía una importancia sólo lateral. Así, puesto que las vanguardias no se habían preparado para las operaciones especiales, aunque se hubiera tomado el Cuartel General, la batalla misma no habría tardado en perderse. En cualquier forma, el elevado número de bajas que sufre el ejército (muchas más que los combatientes populares), su incapacidad de defender las posiciones que se había propuesto, todo el des-

[58] Laicakota, una colina estratégica que domina el Cuartel General y los accesos al barrio en el que está situado. Aquí mismo se combatió el 4 de noviembre de 1964 y es considerada como un punto decisivo topográficamente. El ejército trajo a esta posición a los combatientes civiles y así los desgastó e inmovilizó.
[59] Grupo móvil de tanques y tanquetas. Entró en acción de inmediato a la heroica toma de Laicakota. Los civiles no se habían preparado para frenar el avance de tanques y aparentemente tampoco el regimiento Colorados.

arrollo de las acciones, demuestran hasta qué punto está lejos de ser invulnerable en la ciudad, hasta qué punto, en determinadas condiciones (como las bolivianas), es falso afirmar que el ejército es absolutamente poderoso en la ciudad pero sólo relativamente superior en el campo.

La batalla expresa la existencia del eje obrero-universitario, porque prácticamente no hay un combatiente que no sea obrero o universitario.[60] Si a eso se suma la concurrencia de los militares revolucionarios como Sánchez, está probado que la alianza entre los sectores más significativos cualitativamente está lograda. Mientras la derecha demuestra que no controla realmente, como para llegar a un combate, sino al ejército, la izquierda dispone ya de los sectores estratégicos más decisivos de la población. Pero así como el movimiento de masas sin vanguardia política no es sino un grueso espontaneísta y la vanguardia política sin vanguardia armada una pura impotencia, si esta alianza cualitativa no consigue un adecuado nivel cuantitativo, tampoco puede triunfar. De aquí, de las enseñanzas que se derivan del ascenso del fascismo en Bolivia, proviene la importancia básica que tiene la construcción del instrumento político (el FRA):[61] por primera vez las vanguardias pueden conectarse orgánicamente con

[60] La manifestación antifascista realizada el día anterior al golpe fue numerosa, pero estaba compuesta en su gran mayoría por obreros y por universitarios, es decir, por la juventud de la pequeña burguesía. También era numerosa la que festejó el triunfo de Bánzer pero estaba compuesta únicamente por gente de las capas medias. Esta división expresa aproximadamente cómo estaban distribuidos los bandos.

[61] Frente Revolucionario Anti-imperialista integrado por el PCB, PCML, POR(M), POR(G), ELN, MIR, PS, PRIN y To-

la clase obrera. Pero la lucha por el soporte cuantitativo para la insurrección exige un trabajo político
más vasto, dirigido a las clases medias y al campesinado, que este instrumento político debe realizar.

En el intercambio de prejuicios a que se redujo
tantas veces la discusión en la izquierda, la Asamblea Popular desdeñó el trabajo militar. Es cierto
que los grupos armados parecían a la vez resueltos
a ignorar a la clase obrera y aun a supervigilarla y
que su actuación resultó disuelta en la acción de la
masa, sin otro relieve que el de haber participado.
Toda la izquierda, sin embargo, pagó cara la culpa
de no conocer las dimensiones de su enemigo. La
demora en sus planes militares, que eran una forma
de omisión de la preocupación militar misma, fue
resultado de esa subestimación. La izquierda, en suma, despreció a la guerra pero el fascismo la venció
por medio de la guerra.

Las cosas, empero, no deberían suceder en balde.

rres y Sánchez en representación de la oficialidad progresista, organizado después del golpe del 21 de agosto.

POSFACIO SOBRE
LOS ACONTECIMIENTOS CHILENOS

En noviembre de 1919, Lenin escribió que *"el partido dominante de una democracia burguesa sólo cede la defensa de la minoría a otro partido burgués, mientras que al proletariado, en todo problema serio, profundo y fundamental, en lugar de la 'defensa de la minoría', le tocan en suerte estados de guerra y pogromos. Cuanto más desarrollada está la democracia, tanto más cerca se encuentra del pogromo o de la guerra civil en toda diferencia política peligrosa para la burguesía"*.[1]

Un pogromo. He aquí lo que es Chile después de aquel 11 de septiembre. La clase obrera chilena no tuvo siquiera el privilegio de que se le diera un estado de guerra y, por consiguiente, no podía perder aquella guerra que no llegó a librar. Allá está el cadáver de Allende, en medio del incendio de La Moneda, cuando se incendiaba a la vez el propio estatuto democrático de la historia de Chile. Asesinado junto a su pueblo, mientras Neruda, que fue el cantor de Chile, resolvía morir en una suerte de acto mayor de padecimiento por los suyos, ahora sí convertido en una metáfora de Chile entero.

Los militares reaccionarios de Chile, en la práctica de un sombrío destino, acabaron así con lo que las gentes de ese país habían podido producir como democracia y como belleza. Era Allende, por

[1] *La revolución proletaria y el renegado Kautsky.*

cierto, el punto máximo de aquella democrática historia y Neruda el canto de su país.

Con todo, aquellas afirmaciones de Lenin resultan una suerte de vaticinios asombrosos cuando se las asocia a los acontecimientos que precederían al nazismo en Alemania (pues refutaba a Kautsky) y con los que iban a ocurrir en Chile, tantos años después. La socialdemocracia alemana como la Unidad Popular chilena tuvieron que afrontar, en efecto, un "problema serio, profundo y fundamental", que es el del poder, y no hay duda de que, en ambos casos, se trataba de "diferencias políticas peligrosas para la burguesía". Es también fundamental el que Lenin hablara de que "cuanto más desarrollada la democracia, tanto más cerca se encuentra del pogromo o de la guerra civil".

¿Por qué, en efecto, el mismo país que había producido Weimar tenía despues que producir Auschwitz? Pero, además, puesto que el mejor antecedente que había en el marxismo para dar soporte a la vía chilena era el texto de Engels sobre la Alemania de los noventa, ¿por qué el fascismo tenía que producirse en la América Latina de un modo digamos más semejante al de su modelo histórico, precisamente en el que era conocido como el Estado mejor desarrollado en el continente? [2]

Los episodios chilenos, por cierto, han mostrado dosis de crueldad, alevosía y morbosidad excepcio-

---

[2] El término ha tenido, en efecto, una utilización extensa y agitada, sobre todo con referencia a los regímenes de Brasil y Bolivia. Algunos elementos del fascismo como el arrasamiento del movimiento obrero son sin duda comunes a varios gobiernos latinoamericanos y no sólo a éstos. Pero es seguro que ningún caso del área se aproxima tanto a la definición clásica como el chileno.

248

nales. No obstante, una historia no ocurre por la bondad de los hombres ni por su perversidad ocasional. En el enigma de la psicología de las naciones y en lo que se puede llamar el "temperamento" de los Estados, hay siempre una causalidad descifrable, un ciclo de datos reconocibles y situables. Pues bien, para quienes estudian el Estado en la América Latina, aquella continuidad o eje autoridad-legalidad-democracia que se dio en Chile fue siempre, por lo menos en su apariencia preliminar, una suerte de *misterio dado* de la historia de América. Portales mismo, fundador de aquello, decía que el orden de Chile se mantenía por el peso de la noche. Si tan críptica era la explicación de aquel que fue una suerte de *pouvoir constituent* unipersonal en Chile, no debe sorprendernos que los conservadores que le sucedieran en el tiempo no nos dijeran sino que Chile era así porque Diego Portales lo hizo así o que se diera a la "fronda aristocrática" como origen de la república democrática o que, ya en el plano de la pura sinrazón, se viera el origen de las cosas en lo "gótico-vasco" de la nación.[3]

En los hechos, sin embargo, Chile, por lo menos aquel que llamamos el país oficial, fue siempre una tierra de frontera, un país construido contra los indios y en guerra con ellos. La guerra de la Araucanía, en el principio mismo de esta nación, se hizo tan feroz que no debe sorprendernos el que, en su desarrollo histórico, no hiciera cosa distinta que el proyectar aquel *status* o pacto de situación: necesitaba de un sistema dotado de una autoridad que prolongara hacia la sociedad la verticalidad y

[3] V. Edwards, *La fronda aristocrática* y también Encina, en su *Historia de Chile*.

la obediencia de los órdenes militares; necesitaba, a la vez, una dosis interna de democracia entre aquellos que estaban acosados por los indios, una *democracia para españoles*. Tratábase además de tierra pobre, ajena a la sensualidad y la corruptela de los centros opulentos. Los escritores de la derecha tienen alguna razón, por eso, cuando nos advierten que la correlación, tan admirable por lo demás, entre autoridad y democracia fue como una prolongación de las necesidades del tiempo militar de los primeros años. La legalidad se convirtió en algo así como un pacto entre la autoridad y la democracia.

El desarrollo posterior del Estado chileno se vio (por lo menos) facilitado por estas condiciones culturales. Éste no es el lugar para enseñar la manera en que aquella protoforma de poder (las formas del asentamiento español en Chile) se convirtió después, tras una república exitosa, en el más avanzado sistema democrático burgués del continente. Hay, sin embargo, determinados recuerdos ancestrales que salen al claro cuando se produce un reto de fondo.

Es bien cierto que el fascismo mismo, en puridad, parece no poder existir en todos sus términos sino allá donde existió en lo previo un Estado democrático avanzado y allá, precisamente, donde las reglas del Estado democrático avanzado han dejado sin embargo de ser eficaces para el buen servicio de la clase dominante. A reserva de eso, sin embargo, si se ve cómo ocurrió el fascismo en Alemania, es posible dar la razón a Fromm en su rememoración de los parecidos o conexitudes a la distancia con el fenómeno de Lutero y sus masas de pequeñoburgueses descontentos. ¿Acaso Pedro de Valdivia no acostumbraba cortar las manos y las orejas a los

250

indios de las avanzadillas araucanas? Eran los que intentaban filtrarse a la zona del orden de los castellanos. Así también sucedió, quizá, con el proletariado chileno, que intentó apoderarse de un orden que no había sido hecho para él: aun cuando intentó cumplir con todas las normas que implicaba, sin embargo estaba claro que ese orden como tal no había sido hecho para él.

Los militares de Pinochet trataron a los obreros de Chile como Valdivia a los mapuches y el que, en la *justicia de Dios,* quemaran a la vez los cuerpos de los extranjeros (en septiembre, la xenofobia era un rito), mostraba hasta qué punto miraban a los obreros de Chile, a los rotos, como a extranjeros mismos. Eran, en efecto, de algún modo, los obreros marxistas de la Unidad Popular, extranjeros con relación a la paradojal historia oligárquica de Chile, que no fue rota sino dos veces en verdad, la primera con Balmaceda y la segunda con Allende. Para volver a lo de Lenin, estaba demasiado desarrollada la democracia en Chile como para que no estuviera a la vez muy próximo el pogromo, puesto que las diferencias políticas con la burguesía se habían hecho peligrosas al máximo.

Este pequeño tomo estaba ya impreso cuando ocurrieron los hechos chilenos de septiembre, hechos sobre los que, hay que decirlo, no es posible escribir sin un inmenso pesar. El modo en que ocurrieron tales acontecimientos está lejos de contradecir la mayor parte de las tesis que se sostienen en este ensayo aunque es obvio que tampoco tenían por qué corroborarlas *in extenso.* En el examen de la descripción del aparato estatal chileno, si se aplica el que era un análisis quieto al movimiento que obtuvo, se puede ver cómo funcionaba y

251

cómo ya no podía funcionar más. Se deduce de todo ello la importancia que tiene un escrupuloso estudio de las crisis sociales que se dan en la zona para la construcción de una eficiente ciencia política latinoamericana. Así como es tan aconsejable analizar las formaciones sociales en el momento de las relaciones de producción, según la atinada observación que ha hecho nuestro compañero Octavio Ianni, así también el verdadero conocimiento de dichas relaciones de producción no se produce con éxito sino en su crisis, como si no se pudiera conocer la vida sino en la fase de su enfermedad o peligro. Es en la crisis donde entran en funcionamiento todas las fuerzas de una sociedad, todos sus aspectos y resortes fundamentales y es por eso por lo que el trabajo sobre la crisis chilena que concluye con el derrocamiento de Allende arrojará tantas luces sobre la estructura social de ese país y sobre un sinnúmero de problemas de la táctica revolucionaria entre los movimientos populares de la América Latina. Es un examen que pertenece de modo natural a los militantes chilenos; pero al ser un tema tan continental como casi ninguno otro, ellos deben excusarnos por participar. Tales son los justificativos de un prólogo como el presente.

Lo de Chile se presenta en principio como el más terminante y notable fracaso del método de transición pacífica del capitalismo al socialismo y no faltarán los que exploten a redoble este golpe de vista inevitable que ofrecen dichos sucesos. No obstante, la cuestión del fracaso-éxito del sistema político de Allende se continúa, a nuestro entender, en una otra de magnitud más ancha y compleja. A saber, la de si el proyecto socialista puede desarrollarse de un modo completamente externo a la democracia burguesa, es decir, a la sociedad burguesa modernamente desarrollada.

Algunas geniales observaciones de Antonio Gramsci, que son utilizadas en este trabajo resultan inexcusables para desenmarañar este conjunto de situaciones. Por lo menos hasta cierto momento de su desarrollo o dimensión de su tiempo, en efecto, el proletariado se desarrolla como una clase "burguesa", es decir, como una clase perteneciente a la sociedad burguesa capitalista. Necesita de un juego de libertades que son típicas de la democracia burguesa: el sindicato, por ejemplo, es una organización que corresponde a ese tipo de superestructura; pero, en un grado mayor todavía, el partido, éste sí ya un tipo de entidad característica del desarrollo de la democracia burguesa. Pero se está desarrollando haciendo uso de instituciones, órganos y mediaciones de una sociedad que no le pertenece y, por tanto, podría incluso decirse que, mientras el proletariado es una parte constitutiva de la sociedad burguesa, ésta, no obstante, es obvio que no pertenece al proletariado.

El proletariado es una clase que corresponde a la democracia burguesa sólo en tanto que es una clase en sí; pero si ha llegado a ser ya una clase para sí, hay una no correspondencia, en su virtualidad, entre el proletariado y la sociedad burguesa, desacuerdo que no se soluciona sino con la revolución proletaria. Esa sociedad, cuando pasa a pertenecer al proletariado, si así puede hablarse, ha dejado de ser una sociedad burguesa. Lo importante es que, para la reproducción de su sistema, sobre todo en lo que se refiere al capital variable, la burguesía obviamente se ve obligada a practicar aquellas tolerancias o admisiones que llamamos libertades democráticas. Si esa clase cree realmente en tales libertades es un dato

253

irrelevante; en el mundo de los hechos, son ellos —los hechos— los que importan, al margen en todo de la convicción del que los recibe o administra. De tal manera, las libertades burguesas resultan un camino imprescindible en los actos de organización de la clase.

Razonamientos por cierto elementales. Ellos nos dicen que, sin un grado de internidad con relación a la democracia burguesa, allá donde ella ha existido, el proletariado no se puede organizar. Que se organiza utilizando ciertos elementos que le vienen de fuera de la clase (aunque internos a la sociedad), no sólo por medio de individuos que no son los suyos sino también en una sociedad que no es la suya.

La necesidad de tal internidad se presenta, por ejemplo, con una claridad vertiginosa, cuando se piensa en los intentos, presentes todavía en la América Latina, de incorporar a la sociedad métodos que estaban todavía fuera de ella, en su cualidad, o, en un caso más extremo aún, métodos que estaban fuera de la clase obrera. Las guerrillas, en cuanto configuraron un caso de foquismo o vanguardismo, no fueron nada distinto: sencillamente, en lo que fue su práctica, desdeñaban los elementos favorables al proletariado que había en la sociedad y omitían a la clase en la que debían asentarse (si es que en efecto el marxismo es la ideología de la clase obrera), quizá porque esta clase misma, a su turno, era parte objetiva de aquella sociedad a la que se quería negar en su conjunto. Pero nadie ha dicho nunca en el marxismo que se trate de constituir una negación de toda la sociedad existente. El asunto consiste, por el contrario, en el desarrollo de un aspecto de esa sociedad, de un lado

254

presente y vigente de esa sociedad, aunque vigente y presente de una manera antagónica al aspecto dominante de esa sociedad.

Por supuesto que, al mismo tiempo, una dosis de externidad es necesaria para que el movimiento revolucionario tenga eficiencia, no ya como punto de crecimiento cuantitativo, es decir, de expansión nacional, sino, sobre todo, para que pueda rebasar aquella sociedad en la que, sin embargo, se funda. Si se tratara de un desarrollo solamente interno, no estaría haciendo otra cosa que repetir o estimular o afirmar (corroborar) este sistema. Pero su tarea es remplazar el universo social en el que se ha producido y, por tanto, debe ser lo suficientemente interno a esa realidad como para apoyarse en algo lo suficientemente externo como para dejar de pertenecerle.

Con frecuencia las discusiones han degenerado en la izquierda latinoamericana tanto como nuestro marxismo (no se sabe por qué) ha mejorado su importancia en el mundo. Pero es efectivo que, cuando se dejó de proponer la elección sin retorno entre guerrilla urbana o guerrilla rural, de esto hace mucho tiempo, no faltaron quienes dudaban entre los secuestros y las huelgas de maestros como mejor punto de arranque en la construcción del socialismo. Todo eso, en medio de un mundo de barullos y simplificaciones. Pongamos, empero, en otro costal los expletivos y veremos que, en el recuento del asunto histórico, lo que resulta llamativo es que tanto Fidel Castro como Salvador Allende (para ocuparnos de los casos más relevantes desde el punto de vista de la izquierda) se afincaran, para ser reales en la política, en una misma y única internidad, en el sentido mencionado, en su punto de partida como dirigentes, aunque usando métodos tan ostensiblemente diferentes en lo fenoménico.

Pero Allende es hoy un trágico símbolo y Fidel Castro ha retenido el poder. Ello, desde luego, tiene que ver con la profundidad misma de un proceso y de otro. Pero es evidente a la vez que, en la observación de su recorrido, se advierte que el movimiento cubano desarrolló la capacidad de pasar de un método a otro, de mudarlo con precisión en el momento necesario, cosa que no ocurrió con el proceso chileno, que se adhirió en términos absolutos al método que le dio éxitos y fue al mismo tiempo la clave de su perdición. Éste es el que llamaremos problema de la reducción. Cuándo un movimiento democrático burgués* está dotado lo suficiente como para transformarse en una organización para la crisis revolucionaria y su secuela la guerra civil, es decir, cuándo una organización democrática es capaz de convertirse en un mecanismo llamado a librar la lucha armada es algo que vale la pena investigar. Vamos a ver enseguida los problemas que contrae (trae consigo) esta cuestión de la reducción. En todo caso, debe decirse que el partido que no es capaz de convertir su aparato democrático en un aparato clandestino y su aparato clandestino en un aparato armado no es todavía un partido revolucionario.[4]

Es obvio que en Chile la polaridad internidad-

---

* En el sentido de que en alguna medida ha de ser también democrático burgués toda organización o partido que viva dentro del sistema político democrático burgués.

[4] Pero es más posible, en todo caso, para un partido construir su brazo armado o replegarse a él en tanto que, para un movimiento armado, resulta extraordinariamente dificultoso convertirse en un partido u organización civil.

externidad se resolvió de un modo falso en favor de la primera alternativa. Algunos interesantes discursos de Corvalán[5] permitirían esperar lo contrario, pero, en el campo de las decisiones objetivas, así fue: cuando sus enemigos plantearon la guerra civil, los que sostenían la vía pacífica (que era el corazón de la que se llamó vía chilena) ya no pudieron o ya no supieron pasar a las actividades propias de la vía armada. Es sólo en este sentido que se habla de una catástrofe definitiva de la vía chilena. Pero el requisito de su internidad con relación a la sociedad no sólo no fracasó sino que sigue siendo imprescindible donde quiera que la izquierda pretenda hacer alguna labor revolucionaria. El fracaso, por otra parte, es lo que nosotros vemos cuando las cosas ya han sucedido; pero en la mayor parte de su tiempo, fue esa vía la que permitió que se desarrollara la lucha de clase con una densidad, claridad y cualidad que no se había conocido jamás en la historia de Chile, como pocas veces se había dado en la historia del continente.

Nada expresó mejor aquel grado de desarrollo de la lucha de clases en Chile que los cordones industriales y las huelgas patronales que envolvieron las dos crisis fundamentales del régimen de Allende,[6] para tomar la cosa por sus dos cabos.

Los cordones industriales y su derivación amplia-

[5] En Corvalán, *Camino de victoria,* una recolección de los discursos del principal dirigente comunista.

[6] Por tales entendemos nosotros la de octubre de 1972, cuando la huega paralizó al país por unas seis semanas, y la que, con características similares, también en torno a la huelga de los camioneros dirigidos por **León Vilarín,** se produjo en las semanas anteriores al golpe de septiembre de 1973.

da, los comandos comunales, sin duda el principio de organización más avanzado que logró el movimiento popular chileno, existieron sobre todo a partir del gran ensayo de la derecha que fue la llamada crisis de octubre.[7] Frente a la derecha que, por decirlo así, se autonomizaba con relación al poder legal para avanzar en la elaboración de su propio poder derrocador, aparentemente también la clase obrera adquiría un tipo semejante de autonomía, aunque en el bando opuesto.

Sin duda los cordones y, aun más que ellos, los comandos comunales, alcanzaban circunscripciones enteras, territorios sobre la base de fábricas y, en este sentido, eran como esbozos de órganos de poder, constituidos como un alargamiento de los sindicatos. Pero los sindicatos en Chile, a diferencia de lo que había sucedido en Bolivia, estaban dentro de los partidos y no los partidos dentro de los sindicatos, como allá.[8] Por consecuencia, el cordón reproducía la tensión, la ordenación y la correlación de fuerza de la izquierda pero en un área y no era algo separado del esquema central de poder.

Los partidos no se iban a los cordones abandonando el poder "oficial" sino que existían a la vez en el poder oficial y en los cordones. Habría sido

[7] Para el análisis común, se sitúa en este punto la aparición de los primeros cordones. Formas iniciales de ellos existieron probablemente antes y, en cambio, la mayor parte se constituyeron después; pero es aceptable localizarlos en su origen en ese momento.

[8] El PC chileno, por ejemplo, había tenido una actitud renuente hacia la participación del PC boliviano en la Asamblea Popular, si nos atenemos a las declaraciones de Volodia Teitelbaum. Con todo, una vez que los cordones se mostraron como un hecho de masas evidente, el mismo PC revisó esa posición y participó en ellos.

una locura hacer algo distinto, por lo demás. Pero los cordones, al poner por encima de todos los demás a los sujetos obreros, al definirse como órganos obreros,[9] si bien reproducían aquella correlación, lo hacían acentuando el aspecto obrero de la participación política. Esto demostraba dos cosas: primero, el grado extraordinariamente avanzado al que había llegado la democracia en Chile bajo el régimen de Allende, permitiendo la libertad y el desarrollo de los obreros aun en rebasamiento de los canales prestablecidos del poder (aunque no fueran tampoco propiamente ilegales porque no es ilegal todo lo que está fuera de la ley) y, segundo, la composición crecientemente obrera de la Unidad Popular, su ser cada vez más obrero, en la misma medida en que fracasaba su inicial sistema de alianzas.

¿De dónde salió un grado tan avanzado de la democracia de masas? De la crisis de octubre o de la así llamada porque, en realidad, tampoco ella llegó a ser lo que se llama una crisis nacional general. En ella, como se sabe, la derecha hizo un final esfuerzo y paralizó al país, detrás de la huelga de los camioneros y los comerciantes, a lo largo de unas seis semanas, al final de 1972, en lo que vino a ser algo así como un ensayo general del golpe del 73. Algo cambió allá o se expresó de pronto algo que había venido cambiando por debajo de las apariencias. En toda la primera fase del gobierno de Allen-

---

[9] No conocemos muchos documentos de los cordones en cuanto a qué se proponían en último término. Las evidencias documentales de sus objetivos son mayores, en todo caso, en lo que se refiere a la Asamblea boliviana.
Pero es indudable que la tendencia de dichos cordones era la de convertirse en órganos de poder de la clase obrera.

de, las masas habían ido más bien a la zaga de las organizaciones y de los partidos. Pero su impulso espontáneo se fue fortaleciendo en la misma medida en que la lucha de clases se avivaba y los cordones fueron ya el resultado de un poderoso impulso natural de las masas, algo no siempre ordenado dentro de la norma partidaria, como reacción contra las acciones derechistas que compusieron octubre.

Así, la crisis de octubre hubo de contentarse con no ser más que una preparación. Pero en ella la derecha sufrió un revés y de ella extrajo sus propias consecuencias. Esto mismo debió haber sido ya una advertencia ejemplar para la Unidad Popular. Las grandes manifestaciones posteriores y la propia elección de marzo[10] demostraron que la izquierda avanzaba más mientras más las cosas se aproximaban a un límite esencial. Incluso cuando se dice que la Unidad Popular era cada vez más obrera (lo que es verdad), sin embargo debe tenerse en cuenta que los avances sobre los sectores intermedios en este tiempo eran mucho más consistentes, duraderos y comprometidos que todos los que se lograron con los halagos y con esa suerte de canonjías de masa del pasado, del momento de la política de los regalos.[11]

[10] En las elecciones parlamentarias de ese mes de 1973, se registra una notoria recuperación de la votación de la Unidad Popular, recuperación que sin duda estaba expresando los resultados de la crisis de octubre.
[11] En una larga primera etapa del gobierno de Allende la distribución del ingreso se fue haciendo más progresiva a pasos acelerados. Como se explica en el texto del libro, esta propia inclinación perseguía un fin político, que era ampliar la base social del régimen. Sin embargo, la política incrementalista de los consumos no se tradujo en un aumento del apoyo político a Allende

La derecha, a su turno, comprendió que, en ese tipo de situaciones, Allende confiaba para su defensa en la archiclásica fidelidad institucional del ejército. Fue aquí donde Allende convirtió al ejército en un árbitro de la situación. Pues el ejército era leal al Estado, Allende se sentía en ese momento el Estado de Chile. Pero una cosa es el sentimiento propio y otra el modo en que los demás advierten el sentimiento de uno. A medida que pasaba el tiempo, Allende ya no era el Estado de Chile, a los ojos de los militares, sino el principal de sus controvertistas y detractores. El ejército sintió palpitar el corazón de un régimen que estaba en sus manos.

Éste es el momento en el que, en definitiva, se pierde la competencia ideológica. A la derecha ya no le importaba averiguar hasta qué punto la Unidad Popular tenía razón; le interesaba saber cuál era la fuerza real que tenía. Pero la izquierda ya no supo arrebatar a la derecha la victoria de los conceptos, es decir, no supo imponer los suyos porque a la derecha le bastaba con dejar los que había.

En octubre el ejército sabe lo decisivo de su papel pero todavía no está tan claro que se volviera decisivo contra Allende y no en su favor. Con el tanquetazo en cambio,[12] el ejército pasa, quiérase o

sino, quizá, en los primeros meses del régimen. En oposición a ello, la elección de marzo mostró una expansión real del apoyo a la UP, cuando la crisis de octubre intensificó la lucha de clases y cuando el efecto de la redistribución del ingreso probablemente se había debilitado como consecuencia de las crecientes dificultades económicas.

[12] Una unidad de blindados al mando del coronel Souper intentó precipitar el golpe militar, a fines de junio, cuando posiblemente todavía no se había obteni-

no, a deliberar; cuando delibera, lo hace contra Allende, ahora sin tapujos. Es cierto que los generales de Chile se mostraban en sus entrevistas en persona con Allende como adolescentes en desconcierto y que, como él se encargó de lapidar en su testamento, no pudieron encararlo con virtud de varones en la hora debida ni siquiera para pronunciar el ultimátum.

A protesta de los pujos patrióticos, en la conformación de esto que se puede llamar la ideología *ad hoc* para el golpe, lo que salía a relucir era la batiente mitología del Chile ancestral. Véase lo que pasó, ejemplo verdadero, con el opúsculo *Capítulos de la historia de Chile,* suscrito por Ranquil y del cual se dice que era autora Lucy Lorsch, hoy con la seria amenaza de ser fusilada. Era un trabajo sumario en el que simplemente se daba una versión ajena a la de la historia oficial de Chile, a la del catecismo de la historia de Chile más bien, aseverando hechos tan notorios como la participación de los ingleses y del capitalismo inglés en la Guerra del Pacífico. Este tipo de ensayos, sólo que mucho más violentos, se han escrito por docenas y cientos en la Argentina, por ejemplo. Pero en Chile, la apologética de la verdad nacional ha tenido siempre un sentido muy determinado; todo es sagrado en su historia y lo es también el propio Estado chileno tal como es. La mitología ideológica de una oligarquía que no ha conocido sino la victoria a lo largo de su historia puede ser algo muy feroz y a los futres de Chile les gustaba la libertad académica sólo en tanto no fuera vulnerada su apologética

do la unanimidad de los oficiales. Como golpe de mano, el hecho fracasó pero desató la deliberación en las fuerzas armadas.

sacramental. Entre desagravio y desagravio, con no sé qué disculpas por lo que había dicho Ranquil, la izquierda misma, en un tren de componendas puras, rendía homenajes a la mitología tal al mismo tiempo que sólo de soslayo libraba una lucha verdadera en el plano de los aparatos ideológicos. Si la prensa no había cambiado ni la radio había cambiado ni la escuela había cambiado ¿por qué tenía que cambiar sólo el ejército? ¿A qué sorprenderse entonces de que, en cuanto se diera piedra libre al razonamiento de los oficiales, se pronunciaran ellos por la única ideología que llevaban dentro?

Era un camino que iba sin reparos hacia la estructuración de eso que se llama una crisis nacional general o crisis revolucionaria. Un gobierno como el que hizo Allende no podía pretender que sus medidas ni su propia existencia dejaran de suscitar recelos, enconos y rencores del nivel de los que hubo. Era claro que, si no se estaba dispuesto a soportar las consecuencias de una lucha de clases avanzada, era mejor no crear los elementos que le dieran el grado de actividad que cobró. Desde la situación económica, que se hizo crítica, a partir de las manos de la derecha entre las sombras, hasta el desgano antiallendista de los jueces y el desafío a todas horas a la jerarquía de Allende, todo conducía a la situación revolucionaria.

Es un error empero considerar que la izquierda estuviera de todos modos condenada ante la llegada de tal especie de coyuntura. La derecha, acaso sin saberlo, estaba jugando con fuego porque, con imperfecciones muchas, sin embargo la izquierda estaba levantando banderas tan legítimas y tan entrañables que, pasándose por el medio caletre de sus malos periódicos y televisiones malusadas, sin embargo calaba en el corazón de las gentes. Se nos ocurre como un hecho el saber que, si bien la derecha contó con una mayoría para el caso al ejecutar el golpe, sin embargo habrían bastado pocos días de resistencia, un mínimo de perspectiva hacia adelante en la lucha, para que la mayoría del país se volcara en defensa de Allende.

Es cierto que, en la deliberación en las proximidades de la conjura, los oficiales se habían pronunciado contra el régimen; pero es verdad también que, si la lucha hubiera trasladado la deliberación hasta abajo, los propios oficiales en algún grado, los suboficiales y soldados sin discusión y la mayoría de la democracia cristiana se habrían pronunciado a lo último favoreciendo a la izquierda, que no en balde era el poder legal.

La derecha se adelantó pues, en efecto, no al Plan Z,[13] que es un invento para convicción de idiotas, sino a la crisis nacional general, que ellos mismos estaban provocando, aunque es dudoso que mastuerzos como el senador Bulnes o tartufos patrioteros como Frei supieran ni de lejos en qué consistía la crisis general.

Tales son los hechos que advierten que el camino elegido por la vía chilena no era un camino falso, por lo menos en lo inicial. Era la exasperación de los propios métodos admitidos por el Estado burgués de Chile la que obligaba a la derecha a levantar esas posiciones: si la respuesta hubiera tentado el no alejarse de lo electoral, la reposición de los

13 Según la Junta, la Unidad Popular tenía dispuesto un extenso plan de asesinatos de altos oficiales y políticos opositores al régimen. Llamó a este proyecto, el Plan Z. Es un recurso que fue utilizado también en Bolivia, donde se lo llamó Plan Zafra Roja.

términos económicos y sociales del *status* anterior habría tenido que ser tan gradual como lo había sido su imposición legal. Esto, aparte de ser lento, era difícil (porque no iba a tener una mayoría tan convicta de la consigna ultraderechista) y además imposible (porque la gente no podía acceder a su propia anulación). Por eso tenía que plantear como pugna directa y desnuda lo que ya no podía poner en la mesa como una emulación democrática.

En la crisis nacional general, sin embargo, puesto que el descontento social de las más vastas clases del país no podía convertirse en una mayoría conformista y entregada, se obligaba a la gente de la masa a una definición radical (que no podía sino ser una), a optar entre aquellas alternativas tan profundas que no surgen a la vista sino en las horas culminantes, que son excepcionales.

La izquierda, con todo, creyó hasta el final en un Estado en el que su propio titular, la burguesía, había dejado de creer. Al fin y al cabo, Allende mismo muere invocando los principios creados por sus enemigos. Todo indica, en efecto, que, después de octubre, la derecha se preparó para la nueva crisis inminente pero la izquierda no, esta última convencida del hado de las repeticiones felices. El quiebre revolucionario[14] no llegó a existir porque la izquierda no sostuvo la crisis militar (distinta, en todo caso, de la crisis nacional general) el tiempo necesario y se perdió la lucha porque no se la

---

[14] Lo mismo que en aquel discurso de Corvalán, de que la crisis revolucionaria estaba presente como perspectiva en los análisis de los teóricos de la Unidad Popular, lo demuestra el libro de Sergio Ramos, *Chile, una economía de transición*. Ramos llama el quiebre revolucionario a la crisis nacional general.

libró, porque el apego de la izquierda a una vía que le había resultado exitosa hasta entonces no le permitió desmontarse puntualmente de ella. Su conducción política no logró aquel desdoblamiento o conversión o reducción, como quiera llamarse a la necesidad aquella de la táctica en el momento histórico que Chile vivía.

Veamos la relación entre la reducción o desdoblamiento con la guerra civil. Una confusión esencial que operó para que la crisis sucediera de esa manera fue la que se refería a la guerra civil y a la crisis revolucionaria o crisis nacional general, es decir, a la prelación, intersubordinación o diferenciación entre una cosa y la otra. Aunque el tema mismo es mencionado varias veces en este libro, conviene tener en mente sin embargo que no es un ensayo sobre el período de Allende ni sobre la cuestión de la crisis sino sobre el poder dual, como problema técnico de la teoría del Estado. Aun así, ha de decirse que, si la crisis hubiera llegado a suceder, como las cosas parecían proponerlo, el proletariado habría conseguido no sólo la hegemonía dentro de la Unidad Popular sino también la hegemonía dentro del país en su conjunto.

Si las cosas son clásicas, la crisis nacional debe anteceder a la guerra civil. Pero suelen no serlo y, entonces, bien puede ser que en lo concreto la propia guerra civil no llegue a ser otra cosa que la antesala superior de la crisis revolucionaria. Durante algún tiempo, es posible mantener la guerra sin que la vida diaria, es decir, toda la suma de sistemas de autoridad, se altere. Ergo, hay guerra y no hay crisis.

En Chile, aunque las cosas se encaminaban hacia dicha crisis nacional general, ella no obstante no

266

había ocurrido todavía. El orden chileno demostraba ser algo extraordinariamente consistente, tangible e impenetrable. Ahora bien, mientras el orden vale, mientras es recibido por la gente extraproletaria y extraburguesa (mayoría en esta clase de países) como una normalidad, en la inercia del orden no hay una definición crítica y tales clases intermedias (por cuya conquista luchaban ambos, Allende y la derecha) se hacen a imagen y semejanza de su dominante ideológico.

Por eso Portales dijo que el orden sobrevivía en Chile por el peso de la noche; cuando todos duermen, se conservan los términos del día anterior. En esas circunstancias, los sectores indefinidos o que no son clase por sí mismos sino que han sido excluidos desde las clases verdaderas, se confirman como pertenecientes al orden de los conceptos del lado reaccionario. Es ésta también la razón por la que tenía tanto éxito masivo entre esos sectores la inculpación a Allende de ruptura insistente de la legalidad. Su gobierno, sin dudas, rompía los términos de la costumbre, las leyes de la rutina del Chile de siempre; a esa costumbre es a lo que un pequeñoburgués chileno llamaba la legalidad. Distribuir leche en las callampas y las poblaciones en merma de la que por rutina debió encaminarse hacia el barrio alto era un caso típico de rompimiento de la legalidad. Sólo en la crisis podía el proletariado hacerse mayoría efectiva; pues ella no llegó a existir en forma, resultó evidente que la mitad más uno de que hablaba Lenin se produjo en favor del golpe y no en favor de Allende. Es así poco lo que vale la verdadera legalidad en estas situaciones, cuando la falsa legalidad es todavía tan exitosa en el ánimo de las gentes. Los aspectos conservadores de Chile resul-

267

taban más tenaces de lo que se hubiera podido conjeturar en lo previo.

En remate de aquello, vale la pena preguntarse por qué no se obtuvo dicha conversión o reducción. No, por cierto, a causa de las malas convicciones de quienes conducían los hechos o de quienes tenían que ver con los hechos convertidos en políticas. La verdad es que una sustitución tan drástica en el grado de la táctica no era posible sin una instancia real de concentración del poder, en una medida que era inconcebible en el Chile de Allende tal como fue.

Cuando no hay un poder unificado, en el que la hegemonía está en manos del partido de la clase obrera, este tipo de vuelcos es impracticable. El papel del partido resulta tan incuestionable que se podría llegar a decir que, así como el sindicalismo es la clase en sí y sin partido no hay clase para sí, así también, sin hegemonía del partido obrero, no puede haber dictadura proletaria. Sólo el partido habilita a la clase para los avances y retrocesos, para la marcha quebrada y zigzagueante hacia la constitución del poder obrero. Sólo el partido hegemónico puede utilizar varias tácticas a un tiempo o sustituir una de ellas por otra. Es pues un deber irrenunciable de un partido obrero el luchar por su propia hegemonía.

Resulta lo demás una suerte de juego de anécdotas complementarias. La democracia cristiana había tenido éxito en el reclutamiento de las clases medias y es verdad que ahora era una suerte de partido de masas de las clases medias. Resultado era ello, posiblemente, no sólo de que las convocatorias de este partido se parecieran más a los temores y los valores de esos grupos; venía también, sin vueltas, de las reformas practicadas en el tiempo de

Frei. La dispersión en el tiempo de los cambios sociales agrarios impidió una formulación fulminante de la alianza obrero-campesina. Allende, probablemente, debió haber cedido en todo lo necesario, incluso mucho, para pactar con la democracia cristiana, a condición de prepararse paralelamente para la guerra civil que era inevitable en Chile y a la vez el antecedente imprescindible de la crisis revolucionaria, *sin la que no se podía vencer.*

Aquel pacto habría posibilitado una división real del ejército sin la cual, a su turno, la victoria en la guerra civil no era sino una perspectiva ilusoria, aunque el mero pacto sin los aprestos para la guerra era, a su vez, una opción centrista. Triunfaron a lo último tanto los sectores burgueses de la Unidad Popular (que habían hecho de la legalidad un fetiche) como los ultraizquierdistas (que hacían una dilatada ofensiva hasta impedir la constitución hegemónica de una vanguardia obrera). Ni el PC ni los demás sectores obreros supieron construir su propia hegemonía y no pudieron, por consiguiente, habilitar a Allende para la explotación de la crisis nacional general que se venía.

En tales circunstancias, el derrumbe del sistema de Allende era inevitable. Murió entonces, como mueren los grandes jefes, los que son del tamaño de la lucha de clases y los que mandan creyendo. Se diría que puede vérsele para siempre en su palacio, en el que ya no dejará de ser el palacio de Allende, con aquella autenticidad sin aparatos con la que él se complacía en ser hijo de su propio país hasta el fin. Es verdad, por eso, que la naturalidad de su modo no obstruyó para nada la construcción de su vida hacia la grandeza latinoamericana sino que fue ésta algo así como la continuación llana de

269

aquello. Cambiar el mundo, en efecto, en tales casos magníficos, no consiste sino en insistir en la propia manera del ser.

No juró Allende el sacrificio pero lo asumió de inmediato cuando, quizá sólo en los instantes finales, lo vio como una consecuencia necesaria, mientras alumbraban sus ojos para ver tal cosa los fuegos de la destrucción de aquel Palacio.

Sacaron su cadáver envuelto en un poncho boliviano. Perseguidos también nosotros, como una raza maldecida, por el Chile de Pinochet, quisimos ver en ello un símbolo intacto de la fraternidad de los revolucionarios de Bolivia y Chile.

México, diciembre de 1973

impreso en gráfica panamericana, s. de r. l.
parroquia 911 — méxico 12, d. f.
cinco mil ejemplares
13 de enero de 1974

www.ingramcontent.com/pod-product-compliance
Lightning Source LLC
Chambersburg PA
CBHW031150270326
41931CB00006B/216